金庸小說 裏的

中國歷史

（增訂版）

葉德平

著

——— 目錄

增訂版序

執筆序言再版之時，適值金庸（查良鏞）先生百年誕辰，所以心情格外激動。上世紀五六十年代，武俠電影在邵氏兄弟的引領下，取代了黃梅調、山歌片，挾當時少見的「剛性之美」，成為華人熱捧電影種類。在這個風潮底下，金庸武俠小說順勢而起，後來更反過來成為引領武俠電影潮流的重要舵手。《天龍八部》、《笑傲江湖》、《倚天屠龍記》等作品陸續被搬上了銀幕，成為華語電影的一道奇兵。

金庸武俠小說的成功，固然是可以從書刊銷量、電影票房等顯性數據量度，同時也有一些隱性貢獻是鮮為人知的。梁任公指出「小說之支配人道」，在於「四種力」：「薰」、「浸」、「刺」、「提」。金庸武俠小說同樣擁有這「四種力」。而且，作為現代「俠文化」的奠定者，金庸武俠小說在價值觀教育上有着隱性的貢獻，扮演着引領「群治」的角色。

諸君或以為「俠文化」不正該如此嗎？事實上，原始的

「俠文化」卻遠非今日所見那樣。

先秦時期，韓非指「俠」的特徵是擁有「武力」，而且不受限於法律。韓非的〈五蠹〉說：「儒以文亂法，俠以武犯禁。」又指「其帶劍者，聚徒屬，立節操，以顯其名，而犯五官之禁」。顯然，擁有「武力」的「俠」雖然以「節操」、「名聲」為重，但他們的行為往往與法律發生衝突。

到了漢朝，「俠文化」開始與「義」合流。司馬遷在《史記‧太史公自序》敍述〈游俠列傳〉的創作動機時，提及「俠」的特徵是「救人於厄，振人不贍，仁者有乎？不既信，不倍言，義者有取焉」。雖然他認為「游俠」的行為「不軌於正義」，但是「其言必信，其行必果，已諾必誠，不愛其軀，赴士之阸困，既已存亡死生矣，而不矜其能」。後來，班固在《漢書‧游俠傳》也認同郭解般的「游俠」，認為其為人實是「溫良泛愛，振窮周急，謙退不伐，亦皆有絕異之姿」。顯然，現代「俠文化」的美好價值觀：「義」、「信」、「誠」、「謙」，正在慢慢形成。

諸君或奇怪：「謙」也是「俠文化」的精神內涵嗎？的確是！孟子在〈公孫丑〉論述「四端」時，提及「辭讓之心，禮之端也」（《孟子‧公孫丑》），謙遜辭讓正是「禮」

的肇始。其實，李白在他的名詩《俠客行》中，用了更生動的方法形容這種美好品德 ——「事了拂衣去，深藏身與名」，而更有意義的是，金庸在 1,200 年之後，在他的小說《俠客行》的第一回回應道：「李白這一首《俠客行》古風，寫的是戰國時魏國信陵君門客侯嬴和朱亥的故事，千載之下讀來，英銳之氣，兀自虎虎有威。」他用一本小說致敬這位千年前的「俠客詩人」。

先秦的「原始俠文化」，在漢朝滲入了「義」的價值觀後，漸漸更趨向「現代俠文化」的模樣。李德裕在《李衛公外集》中明確指出：「夫俠蓋非常人也，以諾許人，必以節義為本。義非俠不立，俠雖然非義不成。」在國家法律逐漸完善的前提下，加上儒家文化的長期薰染，「俠」的精神內涵已經與「儒家文化」合流了。

所謂「俠文化」，其實並沒有一個很明確的定義，不過，在金庸武俠小說的「薰」、「浸」、「刺」、「提」這「四種力」的影響下，民眾有了一個基本共識 ——「為國為民，俠之大者」（《神鵰俠侶》中，郭靖大俠寄語楊過之言）。

金庸曾經指出：「武俠小說中真正寫俠士的其實並不很多，大多數主角的所作所為，主要是武而不是俠。」故

此，金庸的重「俠」而不輕「武」，正是完成現代「俠文化」的轉型升級。例如在《飛狐外傳》中，趙半山曾經感慨道：「一個人所以學武，若不能衛國禦侮、精忠報國，也當行俠仗義、濟危扶困。如果以武濟惡，那還不如做個尋常農夫，種田過活了。」這不正是我們共識中的現代「俠文化」嗎？金庸在北京大學的演講中曾經說道：「我以為俠的定義可以說是『奮不顧身，拔刀相助』這八個字，俠士主持正義，打抱不平。」「奮不顧身，拔刀相助。」換個角度去說，不就是孟子所說的「生亦我所欲也，義亦我所欲也；二者不可得兼，捨生而取義者也」嗎？

金庸武俠小說的重「俠」而不輕「武」，賦予了「俠文化」符合現代價格觀的的定義。金庸通過蕭峰、洪七公、郭靖、楊過、張三丰、張無忌等角色，展示了「俠之大者」應有的崇高典範，帶出「以民為本」的傳統儒家思想，建構出光風霽月的俠義江湖。

本書在 2023 年獲得廣東人民出版社賞識，出版了簡體中文字版本。而在今年，即 2024 年，繁體中文字版本更幸運地可以「再版」。當編輯梁偉基先生告訴我時，我實在是興奮不已。一來，「再版」說明了讀者們對我的作品的肯定；二來，我有幸在金庸先生百年誕辰之時，以「書

迷」的身份添上一筆。

是次增訂，我修訂了一些錯別字以及語焉不詳的句子。同時，編輯團隊亦增加了一些圖片。在此，我必須要向廣大讀者、三聯編輯團隊鄭重地致謝。古人謂「校書如掃落葉，隨掃隨落」，錯誤永遠是核不完的，我期待大家能夠多多包涵，不吝指正。

葉德平謹識於香港教育大學
甲辰年孟夏

前言

「歷史」與「小説」，似乎是一對帶有矛盾的概念，因為前者務求真實，後者不避虛構。然而，二者自漢代起已走在一起，像《燕丹子》、《西京雜記》、《漢武故事》、《漢武帝內傳》等作品均源於歷史。到了宋朝，歷史小説開始從紙張中走出來，通過説書藝人，利用聲音與表情，呈現在民眾目前。像三國、五代等朝代，用「講史」的形式，出現在勾欄瓦舍之中。這些作品更直接造就了明清演義小説出現。所謂「演義」，就是指推演、詳述道理。宋元時代普遍稱「講史」為「演史」，至嘉靖本《三國志通俗演義》，始用「演義」稱呼歷史小説。演義的特點是「文不甚深，言不甚俗，事紀其實，亦庶幾乎史。蓋欲讀誦者，人人得而知之，若所謂里巷歌謠之義也」（蔣大器《三國志通俗演義・序》）。像《三國演義》、《隋唐演義》、《兩宋志傳》等，都是演義小説的佼佼者。金庸武俠小説繼承了演義小説的優秀傳統，文字易懂、歷史易明，普羅大眾很容易就能置身其中，感受歷史世界。

從「講史」角度看，金庸十五部武俠小説，可以分成三

類：第一類是依史演繹。即人物和事件很大程度上是依據真實的歷史而演繹，虛構與真實並行，穿插歷史之間。像《書劍恩仇錄》、《碧血劍》和《鹿鼎記》，就是據明清史事而衍生的。第二類是借史發揮。即歷史只是一個時代框架，其中人物和事件大都是虛構的，像《神鵰俠侶》、《射鵰英雄傳》和《天龍八部》，就是虛構的人物在真實的時代下進行。第三類是架空歷史。時代背景十分模糊，似有還無，人物也是虛構的，像《笑傲江湖》和《俠客行》，就是設定在一個虛化的歷史背景之中。

雖然金庸武俠小說不是以歷史演義小說面目出現，但其歷史意識卻是對讀者有着深遠的影響。因此，本書將以小說中的歷史人物和事件作為引子，以二十四史為主、小說稗史為輔，一步一步為大家解構小說中的人和事。

作為金迷，我希望讓大家看到金庸武俠小說的另一面；作為老師，我期望為莘莘學子寫一本有趣的歷史書；作為學者，我期待與大家分享我的發現。無論如何，我們一起徜徉在金庸武俠小說的歷史時空吧！

葉德平謹識於香港中文大學

辛丑年孟夏

第一章
相依並存三百載：大理段氏與高氏

《天龍八部》中的段正明、段正淳與段譽，以及《射鵰英雄傳》、《神鵰俠侶》中的「一燈大師」段智興，都是大家耳熟能詳的小說人物，他們都是來自中國西南部的神秘國度——大理國。這個國家的疆域覆蓋今天中國雲南、貴州西南部、四川西南部，以及緬甸、老撾、越南北部部分地區。大理國從天福二年（937）立國，直至寶祐二年（1253）滅亡，國祚超過三百年。

第一節　大理國概說

關於大理國的概況，《神鵰俠侶》和《天龍八部》都曾經稍為提及過：

> 大理段氏本係涼州武威郡人，在大理得國稱帝，其先世雖為鮮卑拓跋人氏，但久與漢人通婚，受中華教化，已與漢人無異，也早自認是漢人，中華教化文物廣播南疆。
>
> ——《神鵰俠侶》

大理國於五代後晉天福二年建國，比之趙匡胤陳橋兵變、黃袍加身還早了廿三年。大理段氏其先為武威郡人，始祖段儉魏，佐南詔大蒙國蒙氏為清平官，六傳至段思平，官運海節度使，丁酉年得國，稱太祖神聖文武帝。十四傳而到段正明，已歷一百五十餘年。

是時北宋汴梁哲宗天子在位，年歲尚幼，太皇太后高氏垂簾聽政。這位太皇太后任用名臣，廢除苛政，百姓康樂，華夏綏安，實是中國歷代第一位英明仁厚的女主，史稱「女中堯舜」。大理國僻處南疆，歷代皇帝崇奉佛法，雖自建帝號，對大宋一向忍讓恭順，從來不以兵戎相見。保定帝在位十一年，改元三，曰保定、建安、天祐，其時正當天祐年間，四境寧靜，國泰民安。

──《天龍八部》

《神鵰俠侶》和《天龍八部》都提及大理段氏是「涼州武威郡人」。涼州武威即今天甘肅武威，於元狩三年（前121）置郡，到宋朝改稱西涼府。「大理段氏本係涼州武威郡人」是目前史學界普遍接受的說法。一般認為，段氏可能是在南北朝期間梁魏爭奪漢中、西魏攻佔成都兩次戰役時，與其地民族，例如氐、羌等，一同南下大理避禍。另有一種說法指段氏是「雲南土著」。這個說法源自《哀牢夷傳》，卻與《華陽國志》所載有所出入，所以史學界大

致不認同。[1]

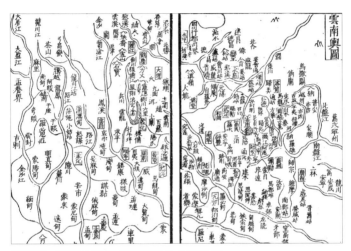

雲南輿圖，取自明人王昕、王思義編撰的《三才圖會》。

大理國的開國皇帝是段思平。段氏在開國前，已經是南詔國的重臣，其先祖段儉魏官至清平官。段思平在高方的協助下，滅掉大義寧國，建立大理國，仍然定都羊苴咩城。

歷史上，大理國曾經一度亡國，不久後又再度立國。史學家為了區分這兩個大理國，一般將後面這個大理國稱為後

1.　《華陽國志》記載漢晉之際的南中大姓中並沒有段氏。學者王叔武認為諸本引錄之《哀牢夷傳》應為《哀牢世傳》，前者為漢代楊終撰，後者為明人所著。

理國。這個轉折正好與小說中出現過的人物——段正明、段正淳和高升泰有直接關係。

第二節　大理國三大家族：楊氏、董氏、高氏

大理國是一個多民族國家，其中最大的族群是白族。而要管治這個國家，必須要得到原來的部落首領支持才行。

（一）沒落的家族：楊氏和董氏

天成三年（928），原為大長和國東川節度使的楊乾貞，弒殺皇帝鄭隆亶，擁立清平官趙善政為帝，建立大天興國。天成四年（929），楊乾貞索性廢掉趙善政自立，建立大義寧國。隨着大天興國滅亡，原為南詔世家大族的趙氏，旋即投靠楊乾貞。一年後，楊乾貞被其弟楊詔廢黜，自立為帝。天福二年（937），大義寧國通海節度使段思平率領滇東三十七部起兵造反，楊詔兵敗自殺。

大義寧國滅亡後，楊氏勢力受到極大打擊。其族中部分重要人物旋即歸順段氏，並成為大理國一股舉足輕重的政治勢力。因為要制衡董氏的專權，楊氏獲段思英等重用，所以楊氏在大理建國後勢力迅速恢復。段素順出兵滇東、會

盟石城，楊氏都擔當了重要角色。

董氏的先祖董迦羅是佛教密宗阿吒力教法師，並且是大理開國皇帝段思平的國師，其所住的法藏寺亦俗稱「國師府」。後來，大理國推行政治改革，不再規定以阿吒力教僧人為國師，董氏對大理國朝政的影響力亦大為減少。後來，取楊氏、董氏代之而起的，就是在大理國叱吒風雲三百年的高氏。

（二）世代為權臣的高氏

高氏是大理國開國功臣，一直擔任舉足輕重的職位。據《南詔野史》記載，「高智升係岳侯高方之裔」。[2]高智升是高氏中最為出色的一人，也是《天龍八部》中段正淳的結拜兄弟。《楚雄族譜》、《大姚縣志》、《姚郡世守高氏源流總派圖》、《洱海叢談》等資料，均稱高氏原籍江西吉州（安）盧陵縣井崗鄉。其中《姚郡世守高氏源流總派圖》記載了高氏的一世祖高定，指其「原籍江西吉安府盧陵縣井崗鄉人也，後移居南滇。時有孟獲踞滇，蜀丞相諸葛亮渡瀘討之。公（高定）素為夷長所畏服，有謀逆於公

2.　　段玉明：《大理國史》（昆明：雲南民族出版社，2003），頁 40。

者，公拒之不從。後計誅雍闓、朱褒以為俘，獻亮。亮加
公忠順，疏請封以益州守。是為高氏始祖，蓋功德所由
始焉」。

關於高氏的事蹟有多種說法並無定論，但可以肯定的是，
在東漢、魏晉之際，高氏已是當地大姓。而在南詔前期，
高氏的勢力還不是很顯赫，相對其餘兩族較為遜色。段思
平建立大理國後，高方因功而裂土封侯，高氏勢力才迅速
冒起。到了第二代皇帝段思英在位期間，刻意提拔楊氏以
抗衡董氏，雖然沒有成功，卻間接讓高氏漁人得利，勢力
急速膨脹。到了段思聰在位期間，高氏終於成功取代董氏
成為軍政大權的實際控制者。

在段素廉廢黜阿統改立段素隆的事變中，高氏的角色相當
關鍵，甚至可以說他們是幕後操縱者。在事變之後，高氏
成功從楊氏奪取了軍政大權，成為段氏最為倚靠，甚至是
不可背離的政治力量。

在段素廉、段素隆、段素貞、段素興和段思廉五朝，高氏
都獲任命為國相，可謂「一人之下，萬人之上」，是大理
國勢力最大的世家大族。

當時高氏、楊氏同為大理國兩股重要的政治力量。高氏、楊氏互相制衡，是段氏最樂見的局面。可是到了段思廉在位期間，這種勢力均衡的局面被楊氏一個錯誤的決定而徹底改變了，也成就了高氏成為大理國唯一大族的局面。

段思廉的王位主要是依靠高氏的幫助而奪取的，所以段思廉繼位後傾向高氏，引發楊氏的不滿。皇祐四年（1052），楊允賢起兵造反，段思廉派遣高智升（高升泰之父）率兵討平。高智升因功擢升為太保，加封德侯，領白崖和甸（今雲南彌渡一帶）之地，並授統矢（今雲南姚安）首領，晉封鄯闡侯。從此，自滇中至滇東一帶，盡為高氏勢力範圍。[3]

由於楊允賢這個錯誤的決定，令高氏勢力在大理國更進一步，成為大理國最強的政治勢力。

楊氏雖然備受打擊，但百足之蟲，死而不僵，其勢力仍然是保存着的。元豐三年（1080），楊義貞再度起兵謀反，並殺掉段廉義（段思廉之子，1075-1080 年在位）自立。

---

3. 諸葛元聲：《滇史》卷八記載：「高氏世執政柄，威令盡出其手。智升元封威楚，至是子又封善闡，於是河東諸郡皆入高氏。」

作為大理國最大的氏族，高氏當然不會善罷甘休。楊義貞
篡位四個月後，高智升命其子高升泰（即《天龍八部》中
的「高侯爺」）盡起部下的「爨僰軍」討伐楊義貞。[4] 隨着
楊允賢、楊義貞的失敗，在大理國唯一能與高氏分庭抗禮
的楊氏正式退出了政治舞台，高氏的權勢亦因為缺乏競爭
對手的制衡，而上升至無以復加的地步。大理國的「政
治天秤」被徹底打破了，段氏的權力也逐漸旁落到高氏
手中。

第三節　世代為帝的大理段氏

《天龍八部》描寫段正明得位經過說：「段壽輝接帝位後，
稱為上明帝。上明帝不樂為帝，只在位一年，便赴天龍寺
出家為僧，將帝位傳給堂弟段正明，是為保定帝。」這個
段壽輝就是《天龍八部》中延慶太子的父親。

（一）段壽輝（上明帝）禪位為僧

據《南詔野史》記載，「（段）壽輝，宋神宗庚申元豐三
年即位。明年，改元上明，以高智升為布爕（筆者案：

4.　「爨僰」是古代居住在西南一帶的兩個少數民族。

即清平官，職位等級如唐之宰相），高升泰為鄯闡侯。是年，日月交晦，星辰晝見。壽輝因天變，遂禪位於思廉之孫正明。計輝在位一年。」[5] 星辰晝見，按《宋史・天文志》所記，應該是指「太白晝見」；而「太白晝見」是指太陽升起後白天也能見到太白金星。古人認為太白金星是罰星，主「朝政有失」。

按《南詔野史》所說，段壽輝的「禪位」似乎與高氏父子無關，但近代學者方國瑜並不同意。他以《宋史・天文志》所記為據，指出這「日月交晦」的天文現象在段壽輝在位期間並沒有出現，[6] 段壽輝是因為「逼於高氏不自安」，便以「日月蝕」為藉口「避位為僧」。[7]

（二）保定帝段正明繼任

段壽輝「避位為僧」後，其堂弟段正明繼任為帝。在《天龍八部》中，段正明（保定帝）以一種「聖主明君」的形象出場：

5.　（明）倪輅輯，（清）王崧校理，（清）胡蔚增訂、木芹會證：《南詔野史會證》（昆明：雲南人民出版社，1990），頁 251。

6.　同上，頁 252。

7.　同上。

他為請出黃眉僧援救侄兒段譽：下旨免了鹽稅，大理國萬民感恩。雲南產鹽不多，通國只白井、黑井、雲龍等九井產鹽，每年須向蜀中買鹽，鹽稅甚重，邊遠貧民一年中往往有數月淡食。保定帝知道鹽稅一免，黃眉僧定要設法去救段譽以報。他毫無帝皇的架子，作為武林世家，遇事也以武林人士身份出現：段氏以中原武林世家在大理得國，數百年來不失祖宗遺風。段正明、正淳兄弟雖富貴無極，仍常微服出遊，遇到武林中人前來探訪或是尋仇，也總是按照武林規矩對待，從不擺皇室架子。是以保定帝這日御駕親征，眾從人都是司空見慣，毫不驚擾。自保定帝以下，人人均已換上了常服，在不識者眼中，只道是縉紳大戶帶了從人出遊而已。

因此在小說之中，段正明是受段正淳、段譽、高升泰和萬民所尊崇的聖君：

段正明別說是一國之尊，單以他在武林中的聲望地位而論，也是人人敬仰的高手宗師，群雄一聽，都立刻站起。

然而，歷史上的段正明卻不是如此，而且他與高升泰以及一眾臣下的關係亦非如此融洽。《南詔野史》有關段正明的記載是這樣的：

段正明，思廉之孫。宋神宗五年受禪，改元保定，又改建

安、天佑，偽號保定皇帝，在位十三年。人心歸高氏，遂禪位高升太（筆者案：即高升泰）。

正明，宋神宗辛酉元豐四年即位。明年，改元保定。又改建安、天佑。宋哲宗甲戌紹聖元年，明在位十三年，為君不振，人心歸高氏。群臣請立鄯闡侯高升泰為君，正明遂禪位為僧，而段氏中絕矣。

按：段氏大理國，自思平建立，後晉高祖丁酉天福二年，訖宋哲宗甲戌紹聖元年，傳十四世，共一百五十八年。

這兩條史料，有三個重點可以特別留意，分別是「人心歸高氏」、「為君不振」和「段氏中絕」。

這裏有兩個可能性：第一是真有其事；第二是這不過是歷朝權臣盜國的技倆，所謂「理由」只不過是一個盜國的借口。不過，我們通過對大理國歷史的瞭解，「人心歸高氏」是極有可能的。高升泰受禪後兩年，因病去世，臨終前立遺詔要求高氏「還位段氏」。高升泰並不是沒有子嗣（他的兒子是高泰明），要是有心竊國，根本沒有需要還政段氏。而且從其死後的諡號「富有聖德表正皇帝」，即可以推知一二。按《逸周書‧諡法解》所説，「聖」是「稱善賦簡」、「敬賓厚禮」；「德」是「諫爭不威」、「綏柔士民」，這兩個字都是美好的描述。高升泰的諡號兼有

「聖」、「德」，似乎反映出其在當世，應該真的是頗得民心，所以「人心歸高氏」是極有可能的。[8]

再者，段氏掌管大理國已有十四世，共一百五十八年，假如不是天怒人怨，要推翻這個根深柢固的政權並不容易。當然，有些史書例如倪蛻的《滇雲歷年傳》卷五指出，「（段）正明畏其（高升泰）逼，因避為僧」，但筆者以為段氏既然已在帝位之上，只要不退下，高氏也難有作為。

姑勿論段正明是否真的「為君不振」，可以肯定的是「段氏中絕」了。

（三）高昇泰不單是權臣，也做過皇帝，他是正是邪？

在《天龍八部》中，高升泰以善闡侯「高昇泰」的名字出現，他的出場可謂「英勇果毅」──他一人擋着南海鱷神，對掌期間還給葉二娘偷襲了一掌，可是當他甫看到玉虛散人（段正淳髮妻）就「掙扎着要下馬行禮」，就算玉虛散人不讓他下馬，他仍然堅持「躬身」。就這一幕，就可以用「英勇」、「忠誠」、「有禮」等字眼形容他。

8.　《逸周書‧謚法解》記載：「稱善賦簡曰聖。敬賓厚禮曰聖……諫爭不威曰德。綏柔士民曰德。」

高昇泰與段正淳相知甚深，並以「淳哥」、「泰弟」相稱。
《天龍八部》在段正淳看到高昇泰受傷時寫道：

> 心中記掛着高昇泰的傷勢，快步走到他身邊，說道：「泰
> 弟，你內傷怎樣？」伸指搭他腕脈。高昇泰道：「我督脈上
> 受了些傷，並不礙事，你⋯⋯你不用損耗功力⋯⋯」一言
> 未畢，鎮南王已伸出右手食指，在他後頸中點了三指，右掌
> 按住他腰間。
> 鎮南王頭頂冒出絲絲白氣，過了一盞茶時分，才放開左掌。
> 高昇泰道：「淳哥，大敵當前，你何苦在這時候為我耗損內
> 力？」鎮南王笑道：「你內傷不輕，早治一刻好一刻。待得
> 見了大哥，他就不讓我動手，自己要出指了。」

小說裏的高昇泰盡忠段氏，那歷史上的高升泰是否也如
是呢？

作為只有兩年壽命的「大中國」的唯一皇帝，《南詔野史》
有一個條目是專門記載高升泰的生平事蹟（〈大中國高升
泰偽諡富有聖德表正皇帝〉）。

高升泰一族的一世祖是岳侯高方，也就是協助諸葛亮平南
有功的那一位。除了有顯赫的家世，高升泰還有一個極富
傳奇性的出生經過。據《南詔野史》記載，高升泰將出生

之時，他的父親高智升前往點蒼山白雪峰石雲寺進香。回程之時，遇到一個老人告訴他說：「你家裏將降生一個貴子，你可以快點回家去。」聽罷，高智升火速飛奔回家，到家時，高升泰剛好出生。看到這情況，高智升也感到十分訝異。

作為一個「天縱之聖」，高升泰擁有一個不平凡的出身。長大後，憑藉家世和自己的才能，他一直平步青雲，得到段思廉的器重，成為了大理國的宰相「清平官」。他協助段氏平定了兩次楊氏動亂（楊允賢之亂、楊義貞之亂），獲賜世襲鄯闡侯，這也是《天龍八部》稱呼「高昇泰」為「高侯爺」的原因。

不平凡的人，注定有不平凡的人生。鄯闡侯、清平官，加上唯一世家大族之長，高升泰可謂位極人臣。往後退，已經不可能了；往前進，也只有登基為帝。紹聖元年（1094），高升泰在「人心所歸」的情況下，獲段正明禪讓帝位，成為「富有聖德表正皇帝」。

高侯爺不再是「名副其實」的侯爺，而是「高皇帝」了，也是據有八府、四郡、四鎮的大理國一國之君。

可惜天不假年，高升泰即位兩年後，因為疾病而撒手人寰。臨終之前，「大中國」並沒有出現甚麼「諸子爭位」的局面，因為高升泰早有遺詔：「我之立國，以段之弱，我死，必以國仍還段氏，慎勿背我。」高升泰清楚指出當日之所以擔任皇帝，是因為段氏太弱。事實上，經歷了兩次楊氏之亂，大理段氏的元氣幾乎消耗殆盡，高氏受禪或者真的是維持國家穩定的最佳方法。畢竟大理國當時強鄰環伺，西北有吐蕃，東北有趙宋，只有強主壓陣，大理國方能經歷最少的動盪。或者真如小說的形象一樣，高升泰始終是忠於段氏，於是在臨終之前，千叮萬囑兒子高泰明要還國於段氏。就這樣，短短兩年國祚的「大中國」正式結束。高氏傳了一世，便沒有再傳了。

（四）段正淳竟然是開國皇帝，而且帝位來自高升泰？

《天龍八部》在最少兩處明確地指出，段正淳的得位是來自段正明的禪讓：

> 保定帝走回去坐入椅中，說道：「巴司空，傳下旨意，命翰林院草制，冊封我弟正淳為皇太弟。」段正淳吃了一驚，忙跪下道：「大哥春秋正盛，功德在民，皇天必定保佑，子孫綿綿，這皇太弟一事盡可緩議。」保定帝伸手扶起，說道：

> 「你我兄弟一體,這大理國江山原是你我兄弟同掌,別說我
> 並無子嗣,就是有子有孫,也要傳位於你。淳弟,我立你為
> 嗣,此心早決,通國皆知。今日早定名份,也好令延慶太子
> 息了此念。」
>
> 蕭峰聽他口稱「陛下」,而段譽點了點頭,心中又是一奇,
> 道:「三弟……你做了皇帝嗎?」段譽黯然道:「先父不幸中
> 道崩殂,皇伯父避位為僧,在天龍寺出家,命小弟接位。小
> 弟無德無能,居此大位,實在慚愧得緊。」

然而,歷史並非如是。原來在高升泰死後,在高泰明的協
助下,大理國最後一任皇帝段正明之弟段正淳正式繼任為
帝,是為「中宗文安皇帝」。有人認為,這是因為高氏盡
忠段氏,受禪乃逼不得已,所以最後也還政段氏。又有人
認為,只是高氏勢力還不能完全控制大理全國,唯有還
政段氏。[9] 姑勿論如何,段正淳繼位後,恢復了大理國的統
治。後世學者為了區分「大中國」前後的大理國,把段正
淳恢復的大理國稱為「後理國」。

段正淳繼位後,以高泰明為相國,並任命高氏族人擔任各

9.　諸葛元聲《滇史》卷八記載:「嗚呼!升泰以誅篡立功而躬自蹈之,無君甚
　　矣!然臨歿言善,戒子孫效尤,蓋其心亦知段宗未可遽滅,人心不盡忘段氏
　　也。不然,國人所逼,攝政可矣,更號改元何為者哉!倘在中土,難逃赤族
　　之誅矣!」

個機要職位，可謂把後理國的一切內外大權都歸於高氏。用《滇史》的說法是「賞罰政令，皆出其門」[10]，可見所謂還國，其實只是形式而已，高氏仍然是權傾朝野。這個被段正淳視為「兄弟」的家族，可能才是後理國真正的主人。

在高氏治理下，後理國也真的是井井有條，與鄰近國家、勢力都能保持友好關係。《南詔野史》記載了崇寧二年（1103），高泰運代表後理國奉表入宋，求得「六十九家」經籍和「六十二部」藥書。後國八府之一的鄯闡府（鄯闡府治在今雲南昆明市舊城南關外）李觀音得來貢，奉上「金馬枝八十節」、「人民三萬三千戶」。而段正淳也表現了他的氣度，賜予使者「八章禮衣、龍頭劍」，並擢升他為安東將軍。此外，緬人（今緬甸）、波斯（今伊朗）和昆侖（大約在今印尼爪哇、蘇門答臘[11]）三國皆曾進貢「白象及香物」。

---

10. 諸葛元聲：《滇史》卷八。
11. 《一切經音義》卷八十一記載：「崑崙兒是南海洲島中夷人。」丁福保：《佛學大詞典》記載：「（地名）本名掘倫。交廣之人呼為崑崙，黑色人所住之國名。今之爪哇，蘇門答臘等。寄歸傳一曰：『良為掘倫，初至交廣遂使總喚崑崙國焉。唯此崑崙，頭卷體黑。』谷響集一引萬書萃錦謂『西南夷有崑崙層期國，距應天府馬行三年，在西南海島。其國有野人身如黑漆，國中人布食誘捉，賣與番商為奴。』梵語雜名曰：『崑崙儞波多羅。』梵 Dvipatala，巴 Dipatala。」

後理國這種「四夷賓服」的昇平景象，到底是段正淳之功，還是高氏之功，我們很難說清楚。不過，學者方國瑜卻有一種另類的看法，他認為：「高升泰在位二年，後立段氏，自後高氏世以相國，稱國主，段氏虛擁名位而已。」[12]

大觀二年（1108），後理國又遇上天文現象。據《南詔野史》記載，當年十月「彗星見西方」，而且發生了大疫病。於是，後理國又有君王要為此負上責任——在位十二年的段正淳學習了祖先的「美德」，「禪位為僧」，而繼任人「應該」是段譽。

（五）段譽原型是段和譽？

為甚麼說繼任人「應該」是段譽呢？那是因為繼任皇帝的名字是「段和譽」（又名段正嚴）。《天龍八部》的段譽與歷史上的段和譽只差一字，但是性情卻有天壤之別。

段譽的性格是善良、不好武、篤信佛教，從無爭奪王位的野心。當蕭峰問他是否已繼任為後理國皇帝，他黯然地回

---

12. （明）倪輅輯，（清）王崧校理，（清）胡蔚增訂，木芹會證：《南詔野史會證》，頁254。

答道：「先父不幸中道崩殂，皇伯父避位為僧，在天龍寺出家，命小弟接位。小弟無德無能，居此大位，實在慚愧得緊。」他又自嘲這身份說：「大理乃僻處南疆的一個小國，這『皇帝』二字，更是僭號。小弟胡裏胡塗，望之不似人君，哪裏有半點皇帝的味道？給人叫一聲『陛下』，實在是慚愧得緊。」但段和譽卻是樂於成為皇帝，他一共做了三十九年皇帝，才因為「諸子內爭外叛」逼於無奈「禪位為僧」。

段和譽即位於大觀二年（1108），三年後，後理國遇上地震，損毀了十六所佛寺，而三十七個部族也乘機叛亂。在相國高泰明領導下，叛亂暫時平定，政局漸漸出現「小陽春」，可是當高泰明死後，問題又浮現出來了。

高泰明死後，他其中一個兒子高智昌因為犯罪流放致死。他的門下客「伊」、「何」二人想為他報仇，於是乘着段和譽入寺進香之時，圖謀刺殺。幸好，段和譽命不該絕，識破了二人的圖謀。事後，段和譽不單沒有大興獄案，乘機誅除異己，相反，他倒過來嘉許二人的高義，赦免了他們的罪行。就這一點，他跟段譽一樣，富有仁德之心。

政和七年（1117），宋廷冊封段和譽為金紫光祿大夫、檢

校司空、雲南節度使、上柱國、大理國王，正式承認段和譽的地位。

宣和元年（1119），後理國又有彗星出現。段和譽的父親段正淳正是因為彗星帶來的災禍而退位，但段和譽卻沒有這樣做。同時，慕寧、遠、矣、空、破、馬六部叛亂，段和譽師出不利，兵敗。不久前曾叛亂過的三十七部再次叛亂。叛軍兵勢銳利，連高氏的老巢鄯闡也給攻陷了，高泰明的第四個兒子高明清亦戰死。

紹興十七年（1147），段和譽自感年老，加上「諸子內爭外叛」，於是「禪位為僧」，把皇位傳予兒子段正興。段和譽一共做了三十九年皇帝，也是大理國有史以來在位最長的皇帝。

（六）「南帝」並沒有變成「南僧」

段正興在位的二十五年，雖然沒有太大的功業，但大抵能夠「守父遺緒」。因此，《南詔野史》沒有花太多篇幅在他身上，而較為特別的只有這一段：「孝宗壬辰乾道八年四月，重霧，十六日方開。正興禪位為僧。」段正興又是因為天文異象而禪位，同樣是「禪位為僧」，看來「禪位

為僧」已經成為段氏的「家族傳統」。乾道八年（1172），段正興就把帝位傳給了段智興。

《射鵰英雄傳》和《神鵰俠侶》中的段智興，就是「天下五絕」之一的「南帝」。他精通「先天功」和「一陽指」兩大神功武學，功力深厚非凡。「南帝」跟「東邪」黃藥師、「西毒」歐陽鋒、「北丐」洪七公及「中神通」王重陽齊名，是當世五大武林高手之一。後來，段智興因為悔悟過去誤殺瑛姑與老頑童周伯通的兒子，於是出家為僧，號為「一燈」，「南帝」也就變成了「南僧」。

在小說中，段智興的形象就是「僧」，而在歷史上，他也是以佛事聞名。

段智興最大的貢獻就是興修佛寺，史稱其「光宗庚戌紹熙元年，修十六寺」。可見他心裏最關心的不是國家，而是佛事。無怪乎諸葛元聲在《滇史》中這樣評價他說：「智興奉佛，建興寶寺，君相皆篤信佛教，延僧入內，朝夕焚呪，不理國事。」[13]

---

13. 段玉明：《大理國史》，頁55。

據《南詔野史》記載，段智興在位期間不單沒有甚麼特別的內政與外交建樹，而且局勢愈趨動盪。最致命的打擊，就是高氏出現內哄，兄弟之間互相攻訐，兵戎相見。雖然高升泰死後高氏還政段氏，但是國家大權仍然是牢牢地掌握在高氏手中。最明顯的證據，就是自段正淳立國起，至段興智亡國止，共十四代皇帝都是任命高氏為國相，所以說是「政出高氏」當不失為過。因此高氏內哄，對段氏是一次沉重的打擊。段智興在慶元六年（1200）離世後，由其兒子段智廉繼位。

雖然段智興篤信佛教，但他並沒有跟隨家族的傳統，在任內禪位為僧。所以他跟小說中的段智興不同，並沒有從「南帝」蛻變成為「南僧」。

第四節　大理國的滅亡

段智廉繼位後約四年左右便死去，其弟段智祥接任，經過段智祥一番整治，大理國氣象一新。可惜，他與父親一樣篤信佛教，最後也禪位予其子段祥興，自己走了去做和尚。嘉熙三年（1239），段祥興繼位。可是，當時蒙古政權也幾乎收拾了草原上的所有勁敵，開始劍指大理。

淳祐四年（1244 年），蒙古出兵遠征大理段祥興派將領高禾領兵抵禦，可惜他戰死於九河。幸好，因為窩闊台汗急病死去，蒙古撤軍北返，大理國才暫時鬆一口氣。

淳祐十二年（1252），段興智繼任不久，蒙哥汗命令兀良合台輔佐忽必烈率軍遠征大理。這次蒙古兵分三路：東路由兀良合台率領，經吐蕃，渡金沙江，在大理與忽必烈所率中路軍會合。當蒙古軍渡金沙江時，得到已歸附蒙古的大理國少數部族酋長的獻計，才懂得用革囊渡江，成功抵達麗江。

忽必烈派出使者勸降，但相國高泰祥堅決抵抗，並處決了蒙古使者。於是，忽必烈率軍長驅直進，佔領了龍首關，在沒有遇過到任何抵抗的情況下，直逼大理城。

由於大理兵力過度集中在高氏手中，王畿附近只餘下有限的軍事力量。於是，段興智只好與高泰祥背城借一，引兵主動出擊，結果是慘遭大敗。他們兩人棄城而逃，各奔一方，蒙古軍不費吹灰之力就攻佔了大理城。

後來，蒙古軍在姚州擒獲高泰祥。他臨刑時慨嘆道：「段運不回，天使其然，為臣殞首，蓋其分也。」忽必烈認

為他是忠臣，所以其後代「許以世其官」。後來，高氏子
孫有的被封為姚安、鶴慶等地方的土司，世代承襲三十多
代，直至清朝實行改土歸流為止。

第二章
黃沙百戰穿金甲[14]：楊業與楊家將

> 曲三道：「哼，我怕你們洩漏了秘密？你二人的底細，我若
> 非早就查的清清楚楚，今晚豈能容你二位活著離開？郭兄，
> 你是梁山泊好漢地佑星賽仁貴郭盛的後代，使的是家傳戟
> 法，只不過變長為短，化單成雙。楊兄，你祖上楊再興是岳
> 爺爺麾下的名將。你二位是忠義之後，北方淪陷，你二人流
> 落江湖，其後八拜為交，義結金蘭，一起搬到牛家村來居
> 住，是也不是？」
> 郭楊二人聽他將自己身世來歷說得一清二楚，更是驚訝無
> 比，只得點頭稱是。
>
> ——《射鵰英雄傳》

楊康的父親楊鐵心，按《射鵰英雄傳》的設定，是楊再興
的後人。所以，叛國的楊康、神鵰大俠楊過都是楊再興的
後人。這位楊再興，可是南宋赫赫有名的抗金英雄，無
論在傳統的演義小說，還是真實的歷史，他都是受人歌
頌的。

14.　擷自王昌齡詩作《從軍行·其四》。

清朝有部演義小說，由錢彩編次、金豐增訂，叫做《說岳全傳》，就收錄了楊再興的事蹟。在這部小說中，楊再興被設定為楊家將的後代，其祖先就是宋朝名將楊業，其叔父就是《水滸傳》裏的「青面獸」楊志。楊再興在歸順南宋以前，曾跟隨曹成扯旗聚義，在九龍山稱王造反。白馬銀槍的他，武藝超群，一桿銀槍舞得點點生花、潑水不進，而且常常單槍匹馬突入敵陣，故被稱為「百萬軍中第一人」。

第一節　真實的楊再興

所謂演義小說，就是依據正史、野史和傳說剪裁，加鹽添醋，令情節、內容更為豐富的文學作品，所以只能當作茶餘飯後的話題，而不能當作正史看待。有關楊再興的生平，主要在三部歷史文獻中記載，包括《宋史・楊再興傳》、《三朝北盟會編》和《建炎以來繫年要錄》。

《宋史》沒有交待楊再興的出身，第一句就是「楊再興，賊曹成將也」。這位曹成，在紹興元年（1131）受武功大夫、榮州團練使、知郢州，卻不受朝廷節制，稱兵如

故。[15] 而《建炎以來繫年要錄》引述江西安撫大使李回的説法，稱曹成為「湖東名賊」。[16] 曹成是乘時而起的軍閥，站在南宋的立場，稱之為「賊」，也不失為過。

（一）不打不相識

紹興二年（1132），岳飛派兵攻打曹成守衛的莫邪關，旋即攻下。進關後，岳飛帳下第五將韓順夫「解鞍脱甲」，[17] 以俘虜的婦人從旁助興飲酒。這無疑給了楊再興一個反勝的機會。

楊再興乘機率眾殺入韓順夫營帳，一時之間，韓營士兵都沒有反應過來，只曉得四散逃跑。而還在溫柔鄉中的韓順夫，也給殺得措手不及，給楊再興砍掉一臂而死。

岳飛知悉後震怒萬分，責成韓順夫的副將王某必須擒獲楊再興以贖罪。此時，後軍統制王經、前軍統制張憲剛好率兵趕到，於是三人點起部下兵馬，準備掩殺楊再興。

---

15. 《建炎以來繫年要錄》記載：「（紹興元年九月）初，武功大夫、榮州團練使、知郢州曹成雖受官爵，稱兵如故。」
16. 《建炎以來繫年要錄》記載：「（紹興二年三月）乙未，江西安撫大使李回言：『湖東名賊曹成在道州、馬友潭州、李宏岳州、劉忠處潭岳之間……』」
17. 《宋史·楊再興傳》。

看着三路兵馬的追殺，楊再興並沒有驚慌，反而激發了他的求生意志。他領着親兵沉着應戰，絲毫沒有落到下風。酣戰百回，楊再興更順勢殺死了岳飛之弟岳翻。

岳家軍聲勢浩大，楊再興不敢戀戰，只好且戰且退。由於主帥之弟被殺，岳家軍不敢怠慢，死命尾隨楊再興，誓不給他逃跑。楊再興雙拳難敵四手，加上連番廝殺，體力也漸漸不支，於是只好領着殘存的親兵逃向廣西。

楊再興這邊廂在死戰，另一邊廂曹成卻率眾向韓世忠投降了。在岳家軍拚命的死追下，楊再興走至靜江界中，不得已跳入深澗，為岳家軍所擒。正當士兵要殺之以報岳翻之仇時，楊再興忽然說出一句：「我是好漢，你們把我帶到岳飛處，我要見他！」說罷，楊再興垂下雙手，任由士兵以粗繩綑縛。

正當楊再興以為必死之際，一幕《三國演義》常見的畫面出現——岳飛一見楊再興，就馬上趨前，親自為他解縛，然後說：「我跟你是同鄉的人，你是好漢，我不會殺你。我只希望你能以忠義報效國家。」如此這般做作，加上由死到生，楊再興怎會不感激涕零。自此，岳家軍多了一員悍將。

大家別以為如此精彩的故事，一定是著者那枝生花妙筆杜
撰出來。事實上，這一段是結合了《宋史》和《三朝北盟
會編》寫成，筆者只是把它由文言變成白話而已。[18]

（二）威震中原

紹興六年（1136），岳飛屯駐襄陽（今湖北省襄陽市）以
圖北伐中原。這座襄陽城就是在《神鵰俠侶》中，郭靖與
黃蓉死守的城池。襄陽古城地處漢水中游南岸，北鄰南陽
（今河南南陽市），南接荊門（今湖北荊門市，素有「荊楚
門戶」之稱），是古代兵家必爭之地。據文獻記載，唐、
宋、元時期的襄陽城周九里，原本是一座土城，到了南宋
時期，朝廷在襄陽城東、南、西三個城門上增建了甕城，
並在重要位置包砌了磚牆，在城垣上增築了馬面和看樓，
大大地加強了城池的防禦能力。故此，襄陽城又有「華夏
第一城池」之稱。

岳飛屯駐襄陽城後，即派遣楊再興進駐西京長水縣（今河
南洛陽市洛寧縣長水鄉）的業陽。當時，偽齊的西京留
守，統制郭德、魏汝弼、施富、任安中等人率領五萬兵馬

18.　事見《宋史‧楊再興傳》、《三朝北盟會編》卷一百五十一。

侵犯鄧州（今河南鄧州市）。楊再興與張憲、郝晸等領兵
一萬迎敵。兩軍在內鄉（今河南南陽市內鄉縣）遇上，對
峙了兩天。

其時，楊再興與張、郝二將商議，提出：「賊勢銳利，而
我軍人數與之相距甚遠，他們必定會看輕我們。這正好給
我們將計就計的機會──我們以輕兵迎戰，示之以弱；接
戰後，馬上詐敗退卻，敵人必定會乘勢追殺，那時候，我
們以伏兵突襲，自然能夠取勝。」眾將聽到楊再興的計謀
後，無不拍手稱善。

翌日早上，楊再興命將士輕兵迎敵，並佯敗逃走。果不其
然，敵軍乘勢追殺。待敵軍過後，一早在暗處埋伏的大隊
人馬見機盡起，從後掩殺。而原先佯敗的部隊也倒過頭
來，回師夾擊。一眾岳家軍見機會來臨，無不精神抖擻，
以風捲殘雲之勢，把敵軍殺退，並生擒了郭德、施富，奪
得馬五百餘匹，降士卒千人。魏汝弼等見大勢已去，只好
收拾殘兵，退回洛陽。[19]翌日，楊再興點起部隊，再戰孫
洪澗。智勇雙全的楊再興大破孫氏，殺敗敵眾二千人，收
復了長水縣，並得糧餉二萬石，西京一帶的險要，悉數奪

19.　事見《三朝北盟會編》卷二百零七。

回。同時，楊再興又奪得「偽齊所留馬萬匹，芻粟數十萬」。[20]

其後，楊再興又攻陷蔡州（今河南汝南縣），把敵軍糧草全數焚毀。

（三）商橋死戰

楊再興不單驍勇善戰，而且足智多謀，絕對是岳飛麾下一員虎將。他在中原一帶取得連番勝仗，無異給南宋軍民打了一枝強心針，一時間，各地義軍並起，大大阻延了金兵入侵之勢，為南宋爭取了極大的空間與時間。

紹興十年（1140），完顏兀朮（女真名譯音，又作完顏宗弼）撕毀和約，再次起兵攻打南宋。岳飛接得消息，馬上派遣部下李寶、孫彥前往曹州（今山東荷澤市）迎戰金兵，又派遣楊再興、牛皋等領兵策應。兩路兵馬會合後，大破金軍二十萬，「兀朮領潰兵走往汴京」。[21]岳飛又派遣張憲、傅選到潁昌（今河南許昌市一帶）與金軍韓常作戰。韓常退走陳州，向兀朮求救。

---

20. 《宋史·楊再興傳》。
21. 事見《三朝北盟會編》卷二百零七。

岳飛知悉，速遣牛臯、徐慶等與兀朮、韓常大戰於淮寧，金兵敗走，退回汴京。其後有大小戰事多場，兀朮節節敗退。最後，兀朮與龍虎大王、威武將軍韓常等會兵，合兵十二萬，進逼郾城，屯駐臨穎（郾城、臨穎都在今河南漯河市）。

劉錡告急，朝廷馬上命令岳飛星夜馳援。到達郾城之後，岳飛派遣楊再興、李璋「經略西京、汝、鄭、穎昌、陳、曹、光、蔡諸郡」，以便支援郾城。[22] 兀朮知道岳飛入駐，隨即會合「龍虎大王、蓋天大王及韓常兵」[23]，逼近郾城。於是，岳飛派遣兒子岳雲迎戰。鏖戰數十回合後，金兵開始有點左支右絀，楊再興見機不可失，便單騎突入敵陣，意圖活捉兀朮。但見他在敵陣來回衝突，雖然最終還是未能一舉生擒兀朮，卻也「手殺數百人而還」。[24] 讀者可能會認為《宋史》的記載有點誇張，那我們看看《三朝北盟會編》如何記述：「楊再興單騎入虜陣，欲直擒兀朮，不獲，殺數十百人而還，身被數十創」，還「殺數十百人」，

---

22. 《宋史‧岳飛傳》記載：「十年，金人攻拱、亳，劉錡告急，命飛馳援，飛遣張憲、姚政赴之。帝賜札曰：『設施之方，一以委卿，朕不遙度。』飛乃遣王貴、牛臯、董先、楊再興、孟邦傑、李寶等，分布經略西京、汝、鄭、穎昌、陳、曹、光、蔡諸郡。」

23. 《宋史‧楊再興傳》。

24. 《宋史‧楊再興傳》。

而且也受了傷，這就合理多了，否則大家還以為筆者在寫
演義小說。

作為完顏阿骨打的第四子，又是金國開國名將，兀朮當然
不會善甘罷休。「憤甚」[25] 的他，迅速集結龍虎大王、蓋天
大王和韓常等部共十二萬人於臨潁，意圖報此一戰之仇。
而另一邊廂的岳飛也不敢怠慢，「自郾城遣楊再興、李
璋，將騎軍三百為一隊」，作為前哨部隊，靠近臨潁。

正當兩邊都在扭盡六壬之時，楊再興這支小隊卻在小商橋
（今河南漯河市臨潁縣與郾城區交界的小商河上）遇上金
兵。常言「仇人見面，分外眼紅」，楊再興二話不說，就
率三百輕騎突入金軍。一如既往，楊再興還是一馬當先，
白甲銀槍，直插金軍心臟。然而，這一次敵我數目太懸殊
了。一重又一重的兵馬，層層覆裹中軍將帥，任憑楊再興
如何衝刺，還是到達不了要害之處。據《宋史‧楊再興
傳》記載：「再興以三百騎遇敵於小商橋，驟與之戰，殺
二千餘人，及萬戶撒八孛堇、千戶百人。」二千個士兵、
一百個千戶（小頭目）、一個萬戶（中頭目），這絕對是
非同小可的戰功。可是，這份戰功的代價實在太大了，楊

25.　《宋史‧楊再興傳》。

再興賠上了自己的性命。

《宋史・楊再興傳》說:「再興戰死,後獲其屍,焚之,得箭鏃二升。」「箭鏃」,即是箭頭,以古代一升約重一點五公斤計算,楊再興身上留下的箭頭有三公斤重。這是一個怎麼樣的概念?宋代箭鏃大概重三錢,即是十五克,三公斤箭鏃換算出來,大約是二百枝箭。楊再興一人身中二百枝箭,這是何等激烈、何等悲壯的遭遇戰!

第二節　忠烈楊家將

將到鎮上,只見路旁有座大廟,廟額上寫着「楊將軍廟」四個金字。岳靈珊道:「爹,我知道啦,這是楊再興將軍的廟,他誤走小商河,被金兵射死的。」岳不群點頭道:「正是。楊將軍為國捐軀,令人好生敬仰,咱們進廟去瞻仰遺容,跪拜英靈。」眼見其餘眾弟子相距尚遠,四人不待等齊,先行進廟,只見楊再興的神像粉面銀鎧,英氣勃勃。岳靈珊心道:「這位楊將軍生得好俊!」轉頭向林平之瞧了一眼,心下暗生比較之意。

便在此時,忽聽得廟外有人說道:「我說楊將軍廟供的一定是楊再興。」岳不群夫婦聽得聲音,臉色均是一變,同時伸手去摸劍柄,卻聽得另一人道:「天下姓楊的將軍甚多,怎麼一定是楊再興?說不定是後山金刀楊老令公,又說不定

是楊六郎，楊七郎？」又有一人道：「單是楊家將，也未必
是楊令公，楊六郎，楊七郎，說不定是楊文廣呢？」另一
人道：「為甚麼不能是楊四郎？」先一人道：「楊四郎投降番
邦，絕不會起一座廟來供他。」另一人道：「你譏刺我排行
第四，就會投降番邦，是不是？」先一人道：「你排行第四，
跟楊四郎有甚麼相干？」另一人道：「你排行第五，楊五郎
五台山出家，你又為甚麼不做和尚？」先一人道：「我做和
尚，你便得投降番邦。」

　　　　　　　　　　　　　　　　　　　　——《笑傲江湖》

在《笑傲江湖》中，岳不群一家與桃谷六仙在機緣巧合
下，不約而同走到楊將軍廟。他們兩行人對廟宇主祀神明
「楊將軍」的身份各有不同看法。岳家以為那是楊再興；
「桃谷六仙」六人卻各有說法：由楊再興說到楊老令公、
楊六郎、楊七郎和楊文廣。他們不約而同地把楊家的各個
角色都抖了出來。事實上，正如本章開首所說，民眾因為
演義小說的關係，大都以為楊再興真的就是楊家將後人。

楊家將跟楊再興一樣，都是真實的歷史人物，外加演義小
說演繹，並經古今媒體（例如說書、小說、電視劇、電
影）的渲染，早已成為平民百姓心目中的大英雄。

（一）楊老令公楊繼業

楊家將主要活動時間是北宋初年，活動地點在北部戰線，其領頭人物就是原為北漢建雄軍節度使的楊業。

據《續資治通鑑長編》卷九說，「（宋太祖開寶元年）繼業本名重貴，姓楊氏，重勛之兄。幼事北漢世祖，遂更賜以姓名」，故楊業又名劉繼業、楊繼業。降宋以後，劉繼業恢復本姓，並以單字「業」為名。目前，史學界對楊業生平事蹟中的爭議處，主要有三：籍貫、生年及晚節。

（二）生年與籍貫

楊業的生年問題，由於史籍沒有明確記載，故後人只可以據一些間接敍述，旁敲側擊的推測。目前，主要有兩種說法：第一，生於長興元年（930）；第二，生於長興三年（932）。而太原大學康玉慶卻不認同此二說，並根據《資治通鑑》、《續資治通鑑長編》等史籍，推論楊業之生年為應順元年（934）。[26]

26.　詳見康玉慶：〈楊業事蹟小考〉，《晉陽學刊》，1995 年第 1 期，頁 104-106。

有關楊業的籍貫問題，由於史書的記述並不統一，所以爭議頗大。總的來説，共有三種説法：（1）并州太原；（2）山西河曲；（3）麟州新秦。

提出第一種説法的，是南宋王稱的《東都事略》（卷三十四：「楊業，并州太原人也」）和元代脫脫的《宋史》（《宋史・楊業傳》：「楊業，并州太原人」）；此説的問題在於誤把楊業的現居地當作籍貫。所謂籍貫，是指祖父（注意籍貫是從父不從母）或以上祖輩長久居住地，所以「現居地」不能當作籍貫。楊業是在事劉崇後、歸宋前居於晉陽，所以太原只是居地。

提出第二種説法的，是根據宋太宗的一則詔書 —— 楊業為國捐軀，宋太宗下詔表彰：「故雲州觀察使楊業誠堅金石，氣激風雲。俾塞上之威名，本山西之茂族。」（《宋大詔令集》[27]卷二百二十〈楊業贈太尉大同軍節度使制〉[28]）《宋大詔令集》是趙宋朝廷的詔令文書編集，不少人因其是官方文件之故，據之引證這説法。例如清朝姜

---

27. 《宋大詔令集》共兩百四十卷，宋綬、宋敏求編。它輯錄了宋太祖至宋徽宗朝的重要詔令。現僅存一百九十六卷，詔令三千八百餘篇。
28. （宋）宋綬、宋敏求編；司義祖點校：《宋大詔令集》（北京：中華書局，1962），頁 844。

廷銘在《保德州志》卷六〈官師第六〉寫及楊業時，便說《舊志》「即本州人」（按：清以前之《保德州志》，姜沒言明版本）。這個說法的主要依據是宋太宗那句「本山西之茂族」，然而此山西不同於今日之山西。隋唐以前，山西是指函谷關、崤山以西的地域；到了隋唐，山西是泛指太行山以西一帶；直至明代，山西才成為一個行政區域的名稱。故此，據此引證楊業籍貫為山西河曲的說法是需要商榷的。

第三種說法的論據比較多，而且大多是北宋當代編撰的著作，例如楊億《楊文公談苑》、曾鞏《隆平集》、司馬光《資治通鑑》和歐陽修〈供備庫副使楊君墓志銘〉（皇祐三年）。《資治通鑑》卷二百九十一記載「麟州土豪楊信自為刺史」，楊信，即楊業之父，至少說明了楊業的父輩已定居麟州。又歐陽修〈供備庫副使楊君墓志銘〉論述楊琪（楊業乃其伯祖）家世時指：「君諱琪，字寶成，姓楊氏，麟州新秦[29]人也。新秦近胡，以戰射為俗，而楊氏世以武

29.　新秦郡是唐朝時新設的郡。天寶元年（742）以麟州改置。治所在新秦縣（今陝西神木縣北）。乾元元年（758）復為麟州。

力雄其一方。其曾祖諱弘信，為州刺史。」[30] 他直截了當
地指出，楊業父輩居於麟州。這個説法最受史家認同，例
如余嘉錫在《楊家將故事考信錄》中便説：「《通鑑》稱
業父信為麟州土豪，則業固當為麟州人」。

（三）楊業的生平

楊業的父親是楊信（字弘信），為北漢麟州刺史。楊業自
幼「儻任俠，善騎射，好畋獵」，[31] 打獵所得往往是他人的
一倍以上，可謂「虎父無犬子」。作為將門之後，楊業自
小已有為將之志，他小時候曾經對他的隨從説：「我將來
做了將帥之後，用兵打仗，就好像現在打獵時，用獵鷹獵
犬追逐野雞兔子一樣，手到拿來。」這句説話，相信在當
時的隨從心中，應該覺得楊業過於托大。然而，誰知道這
真是一語成讖。

---

30. 歐陽修〈供備庫副使楊君墓志銘〉説：「君諱琪，字寶成，姓楊氏，麟州新秦
　　人也。新秦近胡，以戰射為俗，而楊氏世以武力雄其一方。其曾祖諱弘信，
　　為州刺史。祖諱重勳，又為防禦使。太祖時，為置建寧軍於麟州，以重勳為
　　留後，後召以為宿州刺史、保靜軍節度使，卒贈侍中。父諱光廙，以西頭供
　　奉官監麟州兵馬，卒於官。君其長子也。君之伯祖繼業，太宗時為雲州觀察
　　使，與契丹戰歿，贈太師、中書令。繼業有子延昭，真宗時為莫州防禦使。
　　父子皆為名將，其智勇號稱無敵，至今天下之士至於里兒野豎，皆能道之。」
31. 《宋史・楊業傳》。

據《宋史·楊業傳》記載，楊業「弱冠事劉崇，為保衛指揮使」。「弱冠」，是二十歲左右。據《禮記·曲禮》說「二十曰弱冠」。才剛成年的楊業不單沒有怯懦怠戰，反而以驍勇聞名於外。後來，更因為屢立戰功，累積遷升至建雄軍節度使。所謂英雄出少年，楊業所到之處，戰無不勝、攻無不克，所以國人都稱呼他為「楊無敵」。「楊無敵」之說，驟耳聽聞，似乎有點誇張，但的確是《宋史》的真實記錄，而後來由清朝姜廷銘所修的《保德州志》亦有此說法。[32]

（四）北漢劉崇

楊業起於北漢，亦受開國皇帝劉崇賜姓劉。北漢是五代十國之中，最後一個存活的政權，也是十國之中，唯一立國於北方的國家。它的首都是晉陽，即今日山西太原市。

劉崇是後漢（五代第四個王朝）的開國皇帝高祖劉知遠的弟弟。原為後漢大將的郭威，因為後漢隱帝的猜忌而造反，最後篡後漢自立，建立了五代最後一朝後周。作為劉知遠的弟弟，又是河東節度使、太原尹的劉崇自不甘落

---

32. 姜廷銘在《保德州志》記載：「宋楊業業善戰，號楊無敵，本北漢建雄節度使劉繼業。」

後，於是據河東十二州稱帝，仍用後漢的乾祐年號（後漢高祖劉知遠的年號，後來後漢隱帝劉承祐沿用），史稱北漢。

劉崇的哥哥劉知遠一生致力對抗契丹。昔年，劉知遠作為幽州道行營招討使時，曾在忻口（今山西忻州市，素有「晉北鑰匙」之稱）大破契丹，後又在崞縣陽武谷（今山西原平市西北三十五里）再破契丹，胡人自此「不敢南下牧馬」。可是，天不假年，劉知遠在位不滿一年，就龍馭賓天。而其子隱帝劉承祐又無力御下，於乾祐三年（950）死於兵變。後漢成為五代史上國祚最短之王朝，共傳二帝，歷時四年。

劉崇立國以後，因為勢孤力弱，竟然一反哥哥的做法，轉而投靠契丹，奉遼帝為叔皇帝。劉崇以為引契丹為援後，可以反攻後周，卻多次為後周世宗柴榮（郭威之養子）所敗，損兵失地。劉崇死後，其子劉鈞嗣位，更奉遼帝為父皇帝，可謂喪權辱國之極。

後來，柴榮死了，其子柴宗訓繼位。不久，原為後周殿前都點檢的趙匡胤發動陳橋兵變，篡奪後周政權，建立了宋朝。宋太祖趙匡胤與宰相趙普定下「先南後北、先易後

難」的戰略 *33*，所以位於南方的南唐首當其衝，而位於山西的北漢遂得以苟延殘喘。

（五）宋太宗滅北漢

北漢睿宗劉鈞嗣位以後，先後面對來自後周與北宋的壓力。無論是柴榮，還是趙匡胤兄弟，都視北漢為眼中釘，不除不快。為了抵禦後周與北宋，劉鈞「更進一步」發展與契丹的關係，在上表遼帝時自稱「男」，而遼帝下詔時也不客氣地稱他為「兒皇帝」。

太平興國三年（978），在宋太宗趙光義的壓力下，割據福建漳泉兩府的陳洪進，以及割據兩浙的吳越錢氏都相繼納土稱臣。南方已定，是時候解決北面的問題了。

太平興國三年（979）正月，宋太宗派大將潘美作為先鋒率軍北上，圍攻北漢都城太原。二月，宋太宗御駕親征，誓要一舉把北漢這口「眼中釘」拔除。

---

33. 「先南後北、先易後難」最初是後周重臣王朴在其〈平邊策〉中提出的，並為後周世宗採納。王朴在文中指出「攻取之道，從易者始。當今惟吳易圖」，「得吳（指南唐），如此則用力少而收功多。得吳則桂、廣皆為內臣，岷蜀則飛書而召之。如不至，則四面並進，席捲而蜀平矣。吳蜀平，幽可望風而至」。

此時，北漢的皇帝是英武帝劉繼元。原來，劉鈞早於乾德六年（968）病逝。其繼位者劉繼恩被侯霸榮殺死，於是帝位就落到外甥兼養子劉繼元手上。這個劉繼元本姓何，其母是北漢開國皇帝劉崇的女兒，後來過繼給舅父劉鈞做養子，所以改姓劉。

劉繼元承嗣後，北漢已危若累卵。面對趙宋大軍壓境，他急忙送出兒子劉讓到契丹作為人質，乞求出兵救援。當然，遼帝亦深知北漢乃遼宋之間重要的緩衝區，也不想劉繼元倒下，故此馬上派出援軍。可是，宋太宗此征是志在必得，加上他御駕親征，宋軍上下士氣高昂。三月十六日，郭進在石嶺關（今山西陽曲縣東北）大破契丹援軍，遼將耶律敵烈戰死，契丹損兵一萬多人。

石嶺關之敗，讓契丹意識到「兒國」北漢已不能倖免了，所以也不再派出援軍。另一邊廂的宋太宗大軍士氣高昂，正欲乘勝追擊。同年四月，宋太宗自鎮州（今河北正定縣）進軍，攻破隆州（今山西祁縣東）後，會師太原城下。此時，太原城外無援兵、內無鬥志，加上楊業素來不滿劉氏祖孫三代屈膝遼國，所以他作出了重要的決定，一個改寫歷史的決定──勸說北漢主劉繼元投降。

此時，劉繼元手上的籌碼並不多。一方面，契丹已不能指
望了；另一方面，手下僅存的大將楊業又力主降宋；再加
上宋太宗此仗志在必得，根本沒有斡旋的餘地。故此，劉
繼元很快便投降了（按：關於楊業勸劉繼元投降一事，
《宋史》和《續資治通鑑長編》有不同的記載。後者指「及
繼元降，繼業猶據城苦戰」）。

（六）收降楊業

北漢，趙光義固然是志在必得，但畢竟是囊中之物，到手
不過是時間的問題；但楊業，卻是國士無雙。據《宋史》
記載，「太宗征太原，素聞其名，嘗購求之」，宋太宗素
聞楊業之盛名，以往也曾試過收買他。「購求」一詞，既
可以解作收買，也可以理解為懸賞捕人。姑勿論是哪種解
釋，可以肯定的是，宋太宗是很重視、且忌憚楊業。

劉繼元投降後，宋太宗馬上命令他派人勸降楊業。雖然北
漢已亡，但使者持書而至時，楊業仍不失禮節，「北面再
拜」，然後才「釋甲」面見宋太宗。

收得楊業，宋太宗自然喜不自勝，不單對他撫慰有加，
更准他恢復原姓（早年，劉崇賜楊業「劉氏國姓」），並

授右領軍衛大將軍（按：《續資治通鑑長編》記載，宋太宗授楊業左領軍衛大將軍）。還師汴京後，又授楊業鄭州刺史。

（七）望「楊」而逃

由於楊業熟習邊疆軍事，於是宋太宗改遷他為知代州兼三交駐泊兵馬部署。代州即是今日山西忻州市代縣，它北踞恒山餘脈，南跨五台山麓，地勢險要，號稱「天下九塞之首」的雁門關就是代州最重要的關隘。昔日北漢主劉繼元曾於此處置建雄軍，作為防禦契丹的重要關防。因此，宋太宗也不敢怠慢，不單厚賞楊業以資鼓勵，而且更有密封錦囊予他。

楊業復遷鄭州，就像是蛟龍得水。他很快就佈置好代州的防禦。太平興國五年（980），遼國派出十萬大軍急攻雁門關，欲報此前的「一戰之仇」。探得這個消息後，楊業並不着急。理論上，作為「天下九塞之首」的雁門關，易守難攻，只要楊業閉關自守，遼人也無可奈何。然而，他們三不五時的入侵，卻是很煩人的。因此，楊業決定要給他們一次迎頭痛擊。

雁門關圖，取自明人王昕、王思義編集的《三才圖會》。

楊業趁契丹大軍抵達雁門關前，率領麾下數千騎兵，自西而出，抄小路直奔雁門關北口。騎兵機動力強，一下就繞到遼軍的背部。由於遼人以為宋軍會死守雁門關，所以軍隊的面向只是向着南方關內，北面完全沒有佈防。所以，當楊業的騎兵隊忽然從北而來，就如同天降神兵，迅即把遼軍徹底擊潰了。

楊業的神出鬼沒、強大戰力，真的把契丹打怕了。《宋史》說，自這一仗之後，遼人只要遠遠看到楊業的帥旗，就會

馬上逃去。本來就有「楊無敵」傳說的楊業，自這一天起，更成為了遼人交口稱譽的「戰神」。

（八）戰神之死

雍熙三年（986），宋太宗認為這是收復燕雲十六州的時機。[34] 於是，他點起二十萬大軍，分兵三路伐遼。而楊業作為副將，輔助雲應路行營都部署潘美，主攻西路。而東路軍則名將雲集，並以曹彬為主，負責牽制遼軍主力。

這場雍熙北伐，一開始時是很順利的。西路軍接連攻取雲、應、寰和朔四州。這四州在代州以北，正是楊業經營已久的地區，加上此處離遼軍主力還有一段距離，所以宋軍能以破竹之勢拔下。而東路軍也攻克固安南城、涿州。

遼承天太后蕭綽深明其騎兵在平原才能發揮最大威力，而且只要能擊破主力的東路軍，北宋的三路軍隊將不戰而退。所以，她與遼聖宗決定御駕親征，親臨涿州東五十里

---

34. 燕雲十六州，又稱幽雲十六州，是指今天北京、天津全境，外加山西和河北北部。其地包括幽、薊、瀛、莫、涿、檀、順、雲、新、媯、儒、武、應、寰、朔、蔚十六個州。這十六州本是沿着長城鋪開，是中原王朝防備草原遊牧民族的前線。

駐紮，等待曹彬的東路軍。反觀東路軍，將帥雲集倒成為
負累。曹彬無力約束諸將，只好順從眾意，急行四天，趕
在遼帝之前攻下涿州。最後，曹彬的確攻下了涿州，卻埋
下了敗亡之根——連日趕路、急於攻城，使宋軍上下疲憊
不堪。

本來，只要曹彬步步為營逼近涿州，縱然不敵，也不會
落得大敗。然而，一切已晚了。蕭太后、遼聖宗見機不
可失，於是趁着宋軍人馬疲乏之際，命令大將耶律休哥
出擊。

果不其然，曹彬得了涿州也沒用，城不堅兵不利，只好又
匆匆撤城而走。而耶律休哥以逸待勞，全軍士氣正值高昂
之時，加上地利優勢，所以不費太大力氣就殺敗宋軍。所
謂「得勢不饒人」，耶律休哥尾隨曹彬，一路掩殺。《遼
史・聖宗本紀》說，最後兩軍「戰於歧溝關，大敗之，追
至拒馬河，溺死者不可勝紀」。

潘美、楊業的西路軍等只好班師，退回代州。在冷兵器時
代，老百姓既是戰鬥力，也是生產力，所以宋太宗下詔把
攻下的雲、應、寰、朔四州百姓內遷至代州，以充實邊
疆。至於掩護之責，當然落在西路軍身上。

其實，宋太宗的想法並沒有錯，可是這時候，遼承天太后蕭綽與大臣耶律漢寧、南北皮室等十餘萬大軍已攻陷寰州，剛好橫插在雲、應、寰、朔四州中間。此時此刻，實在容不得潘楊二人犯任何錯誤，否則不僅四州民眾，甚至西路軍都性命堪慮。

楊業向主帥潘美提議道：「現在遼國兵勢正盛，我們不可與他們交戰。朝廷只是命令我們內遷四州民眾，我們只需要領兵出大石路，而之前先派人密告雲、朔二州守將，等待大軍離開代州，就馬上帶領雲州民眾撤退。然後，我們大軍移至應州佈防，遼軍必然被吸引住，從寰州領兵來拒。這時候，馬上命人帶領朔州民眾出城，直入石碣谷（今山西朔州南）。入谷後，即派強弩手千人守在谷口，並以騎兵馳援中路。如此一來，三州民眾，可保萬全！」

楊業此計的主要目標是「內遷四州百姓」，而計謀的核心是以趙宋大軍為餌，吸引遼軍注意力，然後趁敵軍調動的一剎，救出手無寸鐵的民眾。今日看來，此計實在大妙，可是這世界總有一些無知小人，只會叫囂擾攘。

蔚州刺史王侁不認同楊業，反詰道：「領着數萬精兵，卻畏懼懦弱如此！大軍只要大張旗鼓，向雁門北川直奔，定

能戰勝敵人。」其時，營內另一大將，軍器庫使、順州團練使劉文裕亦贊同王侁之說。

楊業聽後，應道：「不可！這是必敗之勢！」王侁以楊業為降將，故意刺激他說：「君侯素來號稱『無敵』，為甚麼今日見到敵人卻遲遲不能出戰，莫非是別有他志？」

說到這份上，楊業自知只會越辯越黑，於是回應道：「我楊業並不是貪生怕死，只是因為今日時機不利我軍，勉強進軍只徒令士卒死傷，無功而還。但是今日王君你責難楊業避戰，我只好從你所願。好吧！就讓楊業擔當諸君先鋒吧！」

「風蕭蕭兮易水寒」，當日在易水之上，荊軻為報「知遇之恩」，決定以身弒秦；今日，楊業為表忠誠，也唯有獻出項上人頭。臨行之前，楊業泣告潘美：「此次凶多吉少，我楊業乃太原（北漢）降將，城破之日，本來就應當死去。幸得主上恩寵，不但不殺我，還授我以將帥兵權。今日，不是我縱敵不擊，只是我希望等待一個好機會，利用一下，以立尺寸之功報效國恩。可是，你們諸位都責難楊業貪生怕死、迴避敵人。故此，我唯有以戰死沙場來報效國家！」這是何等悲壯的陳詞！《史記·刺客列傳》寫了

一員刺客，叫做豫讓。他在臨死之前説了一句話：「（智伯）國士遇我，我故國士報之。」楊業，真乃國士無雙！

雖云九死一生，但只要有一線生機，楊業也不會放棄。他指着陳家谷，跟諸將説：「諸君在這裏設置步兵強弩，作為左右翼以援助我。待會，楊業就會轉戰到這裏，屆時請大家派出步兵夾擊敵人，救我出重圍。否則，不單楊業會死，我帳下諸將也無生還之理。」

聽罷，潘美即與王侁點起麾下兵列陣於陳家谷口。自寅時至巳時，王侁不停命人登上托邏台遠望，但遲遲都不見有契丹軍隊攻來，於是以為契丹已經敗走。王侁為免這一個大功勞白白丟失，所以不理會潘美的多番勸止，堅持領兵離開谷口。

王侁沿着交河西南行了二十里，忽然打聽到楊業敗陣的消息，又馬上速速領親兵退走。另一邊廂的楊業拚命死戰，從中午殺到黃昏，終於退到陳家谷。楊業滿心以為有潘王二路生力軍接濟，但到了陳家谷口卻發現四野無人。前無援兵，後有追兵，楊業還可以做甚麼？

楊業回過神來，即領帳下兵士繼續力戰。經過一日戰鬥，

楊業經已筋疲力盡。身上數十個傷口，麾下士卒也都死光，可是楊業還是負隅頑抗，親自「手刃數十百」。然而，人可以靠着頑強意志撐下去，但馬不能。楊業的坐騎因為重傷而不能再走了。

戰無可戰，走無可走，號稱「楊無敵」的楊業被契丹擒獲了。他的兒子楊延玉也戰死。英雄末路，楊業歎息道：「主上對我甚好，期望我能討賊捍邊。然而我卻反為奸臣所迫，致使王師敗北，我那有顏面繼續活下去！」楊業絕食，三日後死去。至此，「楊無敵」的傳說落幕了。

第三節　楊家將傳奇

楊家將故事在北宋中葉就已經廣泛流傳。像歐陽修、蘇轍等文壇領袖，都曾經書寫過楊業、楊延昭父子。到了南宋，強烈的民族意識使楊家將故事越傳越盛，也越寫越神化。民間藝人加了豐富的想像、藝術的筆觸，並創造出娶了穆桂英的楊宗保。

到了明清時期，楊家將故事再次昇華，並以不同形態出現，有小說、評書、雜劇。楊家將以一身忠肝義膽，澆鑄出楊家將傳奇，成為國人心中「忠義」的代名詞。

第三章
行高峰頂松千尺 [35]：契丹耶律洪基

説起《天龍八部》中的喬峰（蕭峰），相信大家都不會陌生。杏子林事變中，他眨眼之間就制服了全冠清，其氣魄之大、能力之強，讓天下英雄都心服口服。然而，礙於宋遼的惡劣關係，群雄對身為契丹人的喬峰始終是不信任的，於是喬峰瀟灑地留下了打狗棒，揚長而去。因為要追尋自己的身份，喬峰來到塞北遇上了完顏阿骨打，後來更與遼道宗耶律洪基結成義兄弟，成為南院大王。

第一節　草原上的鑌鐵

遼國是一個由契丹族建立的國家。契丹是漢語譯音，有時會譯作「吉答」、「乞塔」、「乞答」、「吸給」等。

契丹原來的意思是「鑌鐵」，這説法來自《金史・太祖本紀》，其記載説：「上（金太祖）曰：『遼以賓鐵為號，取其堅也。』」「賓鐵」，即「鑌鐵」，是古代一種來自外國

35.　擷自耶律洪基詩作《贈法均大師》。

的鋼材，釋玄應、釋慧琳編著的《一切經音義・蘇悉地經》卷中〈鑌鐵〉條說：「出罽賓等外國，以諸鐵和合，或極精利，鐵中之上者是也。」「契丹」一詞，恰恰展示了遼國軍馬的堅強與銳利。至於國號遼，有學者說這是因遼水（今遼河、古代六川之一）而命名，也有學者認為這是「遼遠」的意思，是對國家遠大發展的寄望。

無論如何，這個志向遠大的民族所建立的國家，橫亘北方超過兩百年，九代皇帝都心心念念着中原疆土。遼國的第一任皇帝遼太祖叫耶律阿保機。他成為了契丹部落聯盟領袖後，於貞明二年（916）以「契丹」為國號，定都於上京臨潢府（今內蒙古赤峰市巴林左旗南波羅城）。天福十二年（947），耶律阿保機的次子遼太宗耶律德光，率軍攻陷後晉首都開封府，後晉宣告滅亡。遼太宗早有佔領中原的意圖，因此順勢改國號為「大遼」。可是，遼太宗管理不善，既縱兵掠奪，又不讓諸節度使返回鎮地，惹來極大的反抗。不久，遼太宗在引兵北返途中，病死於河北欒城。

遼太宗之死，引發了遼國內部繼任人之爭。將領屬意由耶律阮繼位，但太后述律平卻不同意，一心要由耶律李胡繼位。二人在泰德泉交戰後，太后最終認可由耶律阮繼任，是為遼世宗。遼世宗繼位後耽於酒色，任用奸佞，朝政不

修，在天祿五年（951）被耶律察割發動政變殺死了。後來，耶律察割又給殺死，在大臣擁立下，由耶律璟即位，是為遼穆宗。

遼穆宗性好殺戮，常親手殺人，有時為了打獵，竟然一個月不上朝，以致朝綱敗壞。他任內曾發生多次大規模的叛亂，例如耶律婁國及林牙（按：林牙遼國文官職稱）耶律敵烈謀亂。遼穆宗在位十八年，最少有五起大規模叛亂，可見朝局之紛亂。保寧元年（969），遼穆宗被侍人弒殺，耶律賢獲大臣推舉為帝，是為遼景宗。

遼景宗果然不負他的名字「賢」，在任期間政治清明，把遼國帶到全盛時期。可惜他身體虛弱，在乾亨四年（982）病逝。幸好，他家有賢妻——蕭綽皇后。蕭皇后盡心輔助繼位的遼聖宗耶律隆緒，並親自攝政，她就是遼史上著名的蕭太后。在蕭太后攝政、遼聖宗統治下，遼國上下一心，並與宋朝訂立《澶淵之盟》。遼聖宗本人除精於騎射外，亦愛好漢文化，所以遼宋兩國共同創造出百年和平。

遼聖宗去世後，由其長子遼興宗耶律宗真繼位。遼興宗繼位初期，也有一位蕭太后攝政。不過，這位蕭耨斤太后（法天太后）卻不同於蕭綽太后。她倒行逆施，重用貪官

污吏和娘家親信，並意圖廢黜遼興宗。最後，她被遼興宗廢掉，被逼「躬守慶陵」。自此，遼國國勢急劇轉衰，既與宋朝交惡，又與西夏發生戰爭。

清寧元年（1055），耶律洪基繼位，是為遼道宗。他任內發生了耶律重元之亂，加上金國崛起，遼國滅亡已是不可避免。乾統元年（1101）遼道宗去世，由皇孫耶律延禧繼位，是為天祚帝。保大二年（1122），金軍攻克遼國中京，天祚帝被逼流亡。保大五年（1125），天祚帝在應州被金軍俘虜，遼國滅亡。連同契丹國時期，遼國享祚超過兩百年，歷經九位皇帝。

第二節　喬峰的兄弟耶律洪基

《天龍八部》有這樣一段描述：

> （喬峰便道）「甚好，甚好，在下蕭峰，今年三十一歲。尊兄貴庚？」那人笑道：「在下耶律基（耶律洪基），卻比恩公大了一十三歲。」蕭峰道：「兄長如何還稱小弟為恩公？你是大哥，受我一拜。」說着便拜了下去。耶律基急忙還禮。
> ……
> 兩人當下將三枝長箭插在地下，點燃箭尾羽毛，作為香燭，

　　向天拜了八拜，結為兄弟。

在小說中，喬峰釋放了耶律基，並以英雄氣概感動了他，於是二人結成兄弟。耶律基，其實是遼國第八位皇帝遼道宗耶律洪基的化名。

清寧元年，遼興宗於行宮去世，遺詔由其子耶律洪基繼承帝位。耶律洪基即位後，冊封其叔父耶律重元為皇太叔、天下兵馬大元帥。從此，他埋下了遼國禍亂的一條伏線。

（一）重元之亂

遼興宗時期，遼國國勢已由盛轉衰；到了耶律洪基當家，遼國衰勢更為明顯。耶律洪基重用的，有不少皆是奸佞弄權之臣，先是皇太叔耶律重元，後是權相耶律乙辛。他們二人先後謀反，重創遼國元氣。而耶律重元之亂，更被金庸書寫在《天龍八部》之中：

> 　　次日一早，探子來報，皇太叔與楚王率領兵馬五十餘萬，北來犯駕。洪基尋思：「今日之事，有進無退，縱然兵敗，也只有決一死戰。」
> 　　……

五騎馬緩緩出來，居中一人雙手捧著一張羊皮。朗聲念了起來，念的正是皇太叔頒佈的詔書：「耶律洪基篡位，乃是偽君，現下皇太叔正位，凡我遼國忠誠官兵，須當即日回京歸服，一律官升三級。」

據《遼史·道宗本紀》記載，「皇太叔重元與其子楚國王涅魯古……等凡四百人，誘脅弩手軍犯行宮」，而遼道宗耶律洪基這邊有「南院樞密使許王仁先、知北樞密院事趙王耶律乙辛……等率宿衛士卒數千人禦之」。「四百人」對「數千人」，大約是一比十的比例，兵力頗為懸殊。正常情況下，如果早知兵力懸殊，除非抱有僥倖心態，否則不應謀反。而且，耶律重元位高權重，既是皇太叔，又是天下兵馬大元帥，[36] 按理他一生財祿無憂，何必鋌而走險？所以，耶律重元這次謀反，很難不讓人猜想這是耶律洪基很早設下的圈套。再者，《遼史·逆臣傳上》有一段記載頗為耐人尋味，就是「（耶律重元）子涅魯古。涅魯古，小字耶魯縮，性陰狠。興宗一見，謂曰：『此子目有反相。』」耶律洪基之父遼興宗這一句說話，到底是有先見之明，還是對耶律重元父子早有疑心，實在是可堪玩

---

36. 《遼史·道宗本紀》記載：「二十四年秋八月……壬辰，以皇太弟重元為皇太叔，免漢拜，不名……十一月……乙巳，以皇太叔重元為天下兵馬大元帥。」

味。假如真的早有疑心，那麼耶律重元之亂，也真有可能是耶律洪基誘使發生的。

《遼史‧耶律仁先傳》補充了一段史料，是耶律洪基與南院樞密使耶律仁先的對話，其內容與《遼史‧道宗本紀》有點出入，其記載是這樣的：

> （清寧）九年七月，上（耶律洪基）獵太子山，耶律良奏重元謀逆，帝召仁先語之。（耶律）仁先曰：「此曹凶狼，臣固疑之久矣。」帝趣仁先捕之。
> 仁先出，且曰：「陛下宜謹為之備！」未及介馬，重元犯帷宮。
> 帝欲幸北、南院，仁先曰：「陛下若捨扈從而行，賊必躡其後；且南、北大王心未可知。」仁先子撻不也曰：「聖意豈可違乎？」
> 仁先怒，擊其首。帝悟，悉委仁先以討賊事。乃環車為營，拆行馬，作兵仗，率官屬近侍三十餘騎陣柢柢外。及交戰，賊眾多降。

這段史料來自耶律仁先的傳記，描寫對象也就是耶律仁先，主題是凸顯出他的忠勇。撇開這點不說，大家可以留意到兩個重點：第一，遼興宗、遼道宗父子其實一直疑心皇太叔一族，所以當耶律良奏報耶律重元謀逆時，耶律

洪基並沒有太大反應，馬上就召見了耶律仁先。耶律仁
先道：「此曹凶狠，臣固疑之久矣。」如此看來，上文提
及的「可能是洪基預設的圈套」的説法，或者可以成立。
第二，文中提及耶律仁先「率官屬近侍三十餘騎陣柢栢
外」，這裏的「三十餘騎」遠少於《遼史‧道宗本紀》記
載的「數千人」。這「三十餘騎」對上耶律重元的「四百
人」，大概只有「引頸就戮」的下場。因此，這「三十餘
騎」估計只是先發部隊（因為是近侍，正好在耶律洪基身
邊），並非主力部隊。

姑勿論是否耶律洪基設下的圈套，重元之亂在開始時已經
在耶律洪基掌握之中。關於這場叛亂的結局，《天龍八部》
如此寫道：

> 蕭峰以足尖踢馬，縱馬向楚王直衝過去，眼見離他約有二百
> 步之遙，在馬腹之下拉開強弓，嗖的一箭。向他射去……蕭
> 峰羽箭又到，這一次相距更近，一箭從他左脅穿進，透胸而
> 過。楚王身子一晃，從馬背上溜了下來。

這段情節跟歷史所記，其實不差太遠。據《遼史‧道宗本
紀》記載，「涅魯古躍馬突出，將戰，為近侍詳穩渤海阿
廝、護衛蘇射殺之」，耶律重元則「亡入大漠，自殺」。

「射殺楚王」、「皇太叔自覺無顏，已在途中自盡而死」都是與史實相差無幾。

《遼史・耶律仁先傳》的描述，就更是繪形繪聲：「重元與數騎遁去。帝執仁先手曰：『平亂皆卿之功也。』加尚父，進封宋王，為北院樞密使，親制文以褒之，詔畫《灤河戰圖》以旌其功。咸雍元年，加於越，改封遼王，與耶律乙辛共知北院樞密事。」從「平亂皆卿之功也」一句，我們隱約看到耶律仁先身上有蕭峰的身影。不同的是，小說中的蕭峰只是一介平民，而耶律仁先已是遼國南院樞密使。禍亂平定後，蕭峰獲耶律洪基賜封楚王、南院大王，而耶律仁先則獲耶律洪基加尚父，進封宋王，為北院樞密使，同樣是高官厚祿、無上光榮（按：此前，耶律乙辛為「知北院樞密使事」）。

總結這場叛亂，我們有理由懷疑這是耶律洪基有意設計的圈套，不過，這些都是我們後人臆測而已，只聊備一說。事實上，耶律重元謀反更像是歷史的必然進程。《遼史・伶官傳》有一個說法：「重元既恃梁孝王之寵，又多鄭叔段之過。」「鄭叔段之過」是來自《左傳》「鄭伯克段於鄢」的典故——弟弟段叔因母親的溺愛和哥哥鄭伯的縱容，終釀成大錯，起兵謀反。而重元之亂的發生，也因為遼興宗

過於溺愛、縱容自己的弟弟，《遼史·伶官傳》記載：「上（遼興宗）嘗與太弟重元狎昵，宴酣，許以千秋萬歲後傳位。重元喜甚，驕縱不法。」《遼史》如此書寫，顯然是想指出重元之亂的始作俑者，是作為兄長的遼興宗，而耶律重元的謀反似乎只是重複着歷史的軌跡。

（二）乙辛之禍

除重元之亂，遼道宗朝最大的叛逆事件就是乙辛之禍。

耶律乙辛是遼道宗朝的權相。自遼道宗耶律洪基即位後，即成為寵臣，由同知點檢司事，遷同知北院樞密副使。清寧五年（1059），遷南院樞密副使。清寧九年（1063），擢升為南院樞密使，封趙王。平定重元之亂後，升任北院樞密使，進封魏王。後更署理太師，權勢一時無兩。太康元年（1075），耶律乙辛誣陷宣懿皇后蕭觀音與伶人趙惟一通姦，造成遼史上有名的「十香詞冤案」。結果，宣懿皇后被處死。後又構陷太子耶律浚謀反，令其冤死獄中。最後，因為暗害皇太孫耶律延禧不果，貶為南院樞密使，削除王爵，遷興中尹。自此，耶律洪基察覺其奸，不再信任他。太康七年（1081），耶律乙辛因「鬻禁物於外國」的罪名被捕。其後，耶律乙辛試圖逃奔北宋不果，於太康

九年（1083）在獄中被縊死。

第三節　耶律洪基的另一面：愛好漢文化與和平

如果只從重元之亂和乙辛之禍去看耶律洪基，相信大家都只會得出「昏君」的評語。然而，從宏觀角度去看，遼道宗朝的兩起叛亂，其實不過是重複着遼國歷朝歷代的步伐。有學者統計過，契丹立國以來，自太宗耶律德光始，先後發生過陰謀殺兄奪嫡叛亂多達二十二次。[37] 換句話說，叛亂或者不光是耶律洪基個人問題，或許更多的是遼國政治體制和道德倫理的缺陷。

撇開這兩起禍亂不說，歷史上的耶律洪基也有讓人欣賞的一面。宋人晁說之曾這樣讚美他說：

> 契丹自澶淵之盟到今凡九十有八年矣！可謂久矣！古未有也。宗廟社稷之威靈於是乎在。然今虜主鴻基者與有力焉，塗路之人皆知。虜主雖生羯犬之鄉，為人仁柔，諱言兵，不喜刑殺。慕仁宗之德而學之，每語及仁宗，必以手加額，為仁宗忌。日齋不忘，嘗以白金數百，鑄兩佛像，銘其背曰：

37.　李樹基：〈耶律洪基在錦州肇建大廣濟寺塔考略〉，《錦州師範學院學報》（哲學社會科學版），1998 年第 1 期，頁 127。

「願後世生中國。」其用心蓋可知也。[38]

「為人仁柔，諱言兵，不喜刑殺」，這跟我們認知的藝術形象已經非常不同。在小說中，耶律洪基一直念念不忘南下攻宋，並因此與結義兄弟蕭峰反目成仇，然而在現實中的他卻是「諱言兵」的。

（一）諱言兵

蘇軾的弟弟──蘇轍曾在元祐四年（1089）出使遼國，賀耶律洪基壽辰，回國後給宋哲宗寫了五道札子，其中一道為〈二論北朝政事大略〉，裏面提及耶律洪基「頗知利害，與朝廷和好」，「蕃漢人戶休養生息，人人安居不樂戰」，給了耶律洪基一個非常正面的評價。[39] 除了這些官吏文士的記錄外，宋人葉隆禮編寫的《契丹國志》卷之九也記載了一個事件，正好佐證「諱言兵」之説：

> 遼帝大漸，戒孫延禧曰：「南朝通好歲久，汝性剛，切勿生

38.　晁説之：《嵩山文集》卷二〈朔問下〉，四部叢刊本。

39.　蘇轍在《欒城集》卷四十二〈二論北朝政事大略〉説：「北朝皇帝年顏見今六十以來，然舉止輕健，飲啗不衰。在位既久，頗知利害，與朝廷和好年深，蕃漢人戶休養生息，人人安居不樂戰鬪。加以其孫燕王幼弱，頃年契丹大臣誅殺其父，常有求報之心，故欲依倚漢人，託附本朝，為自固之計。」

事。」又戒大臣曰：「嗣君若妄動，卿等當力諫止之。」

「大漸」，即是病危的意思。耶律洪基在人生最後關頭，仍然不忘告誡嗣位者耶律延禧要繼續與宋朝「通好」，可見遼宋和平是他心頭上重中之重的事情。[40]

上面所引的都是他人記述，而從目前僅存的、由耶律洪基撰寫的文書，也可以看到他「諱言兵」的一面。《全遼文》卷二收錄了耶律洪基撰寫的〈致宋帝商地界書〉，裏面提及處理邊境爭議時，兩國應採取的舉措：那些有爭議的邊防建築要「盡令拆移」，如果邊境官員不遵從，就要互相申報，並「各差官員，同共檢照」；而耶律洪基更在信中

---

40. 《四庫全書》將《契丹國志》和《東觀漢記》、《東都事略》、《大金國志》等，歸類為「別史類」，以「其書皆足相輔，而其名則不可以並列。命曰《別史》，猶大宗之有別子云爾。包羅既廣，六體兼存。必以類分，轉形瑣屑。故今所編錄，通以年代先後為敍」。又，後世有認為《契丹國志》是偽書，對其所著有所懷疑。程晉芳《勉行堂文集》卷五錄〈契丹國志跋〉：「距淳熙七年且六十七年，烏有淳祐七年進士轉於七十年前獻書者乎？或淳祐誤作淳熙，然亦無是年成進士即官秘書丞之理。凡此皆有可疑，古書於今往往有難解處，惜不得多本以證之也」。又見蘇天爵《滋溪文集》卷二十五〈三史質疑〉說：「葉隆禮、宇文懋昭為遼金《國志》，皆不及見國史，其說多得之傳聞。」

申明守約之心,「信誓之間,且無違爽」。[41] 這封國信,是成於咸雍十年(1074),即耶律洪基四十二歲之時。當時他正值壯年,卻沒有逞匹夫之勇,而是決意以協商方法解決遼宋邊境之爭。[42]

(二)「慕仁宗之德而學之」

前文引晁說之之言,有一句「慕仁宗之德而學之,每語及仁宗,必以手加額,為仁宗忌」,抖出了耶律洪基作為宋

---

41. 《全遼文》卷二收錄了耶律洪基〈致宋帝商地界書〉說:「維咸雍十年歲次甲寅。三月。大遼皇帝謹致書於大宋皇帝闕下。竊以累朝而下。互守成規。務敦夙契。雖境分二國。克保於難知。而義若一家。共思於悠永。事如聞於違越。理須至於敷陳。其蔚、應、朔三州土田。一帶疆土。祗自早歲。曾遣使人。止於舊封。俾安鋪舍。庶南北永標於定限。往來悉絕於奸徒。洎覽舉申。輒有侵擾於全屬。當朝地分。或營修戍壘或存止居舍。皆是守邊之冗員。不顧睦鄰之大體。妄圖功賞。深越封陲。今屬省巡。遂令按視。備究端實。諒難寢停。至縷細之緣由。分白之事理。已具聞達。盡令拆移。既未見從。故宜申報。據侵入當界事理。所起鋪堠之處。各差官員。同共檢照。早令毀撤。卻於久來元定地界再安置外。其餘邊境。更有生創事端。委差去使臣到日一就理會。如此則豈惟疆場之內。不見侵逾。兼於信誓之間。且無違爽。茲實穩便。顒俟准依。」

42. 《契丹國志》卷之九把這件事的前因後果都紀錄一下,如下:「甲寅咸雍十年。宋熙寧七年。春三月,遼遣使蕭禧詣宋爭河東地界。國書大略言河東路沿邊增修戍壘,起鋪舍,侵入彼國蔚、應、朔三州界內,乞行毀撤,別立界至等事。神宗面諭以『三州地界俟差官與北朝職官就地頭檢視定奪。雄州外羅城今修已十三年,即非創築,又非近事。北朝既不欲如此,更不令接續修。白溝館驛亦俟差官檢視,如有創蓋樓子、箭窗等,並令拆去,屯戍兵級,並令抽回』。國書亦云:『倘事由夙昔,固難徇從,誠有侵逾,何恡改正』。」

仁宗「粉絲」的身份。

宋仁宗趙禎是宋朝第四位皇帝。宋仁宗遵守了真宗朝簽訂
的《澶淵之盟》，在位四十二年與遼國一直和平相處。關
於宋仁宗的歷史，實在難以用三言兩語說清楚，筆者只提
兩件事，一件是慶曆三年（1043）的慶曆變法，另一件是
嘉祐二年（1057）的科舉考試。前者，雖然以失敗告終，
卻為後來王安石的熙寧變法拉開序幕；後者，似乎只是一
次普通的科舉考試，可是卻涉及了唐宋古文八大家之中的
五家，[43] 絕對是文學史上一件盛事。至於仁宗是「仁」還
是不「仁」，同樣也是難以用三言兩語說清楚，我們看看
《宋史‧仁宗本紀》的評論：

> 仁宗恭儉仁恕，出於天性，一遇水旱，或密禱禁庭，或跣立
> 殿下。有司請以玉清舊地為御苑，帝曰：「吾奉先帝苑囿，
> 猶以為廣，何以是為？」燕私常服浣濯，帷帟衾裯，多用繒
> 絁。宮中夜饑，思膳燒羊，戒勿宣索，恐膳夫自此戕賊物
> 命，以備不時之須。大闢疑者，皆令上讞，歲常活千餘。吏
> 部選人，一坐失入死罪，皆終身不遷。每諭輔臣曰：「朕未

---

43. 「唐宋八大家」一說源自明代茅坤的《唐宋八大家文鈔》，這「八家」分別是：
　　唐代韓愈、柳宗元和宋代歐陽修、蘇洵、蘇軾、蘇轍、曾鞏、王安石。這次
　　「嘉祐二年科舉」，宋五家都直接或間接地參與了──歐陽修權知禮部貢舉，
　　作為主考官；曾鞏與蘇軾、蘇轍兄弟同場競技；而蘇洵則是送二子應試。

嘗詈人以死，況敢濫用闢乎！」至於夏人犯邊，禦之出境；
契丹渝盟，增以歲幣。在位四十二年之間，吏治若偷惰，而
任事蔑殘刻之人；刑法似縱弛，而決獄多平允之士。國未嘗
無弊幸，而不足以累治世之體；朝未嘗無小人，而不足以勝
善類之氣。君臣上下惻怛之心，忠厚之政，有以培壅宋三百
餘年之基。子孫一矯其所為，馴致於亂。《傳》曰：「為人
君，止於仁。」帝誠無愧焉。

《宋史》編者脫脫先是敍述了宋仁宗之善政，後又指出朝
中有小人也是世之常情，處處正面維護仁宗，最後更指出
宋仁宗作為皇帝，實無愧於「仁」字。

耶律洪基對宋仁宗的崇拜，絕對超逾了我們的想像範圍。
作為百年來的宿敵，遼宋兩國國君，縱然不是死敵，也不
應該是朋友，更不可能是粉絲與偶像之間的關係。耶律洪
基卻偏偏突破了我們的想像空間。根據《契丹國志》卷之
九記載，耶律洪基的父親遼興宗曾經要求用遼聖宗和自
己的畫像，換取宋真宗和宋仁宗的「聖容」。遼興宗去世
後，這事暫時作罷。到了耶律洪基親政，他又求宋真宗和

宋仁宗畫像。這次當然成功了。[44] 這條史料與前面引述的晁說之的說法十分吻合。如此看來，耶律洪基對宋仁宗的愛是父親的「遺傳」。

宋人邵博的《邵氏聞見後錄》收錄了這條史料：

> 仁皇帝崩，遣使訃於契丹，燕境之人無遠近皆聚哭。虜主執使者手號慟曰：「四十二年不識兵革矣。」其後北朝葬仁皇帝所賜御衣，嚴事之，如其祖宗陵墓云。

耶律洪基固然為偶像之死而慟哭，而且更為其立衣冠塚，並視「如其祖宗陵墓」。這是多麼真誠的愛，或者真如電影《東邪西毒》所說：「最了解你的人不是你的朋友，而是你的敵人」。

（三）愛好漢文化

或許，耶律洪基因為宋仁宗而愛好漢文化；或許，耶律洪基因為漢文化而仰慕宋仁宗。無論裏裏外外，耶律洪基

---

44. 《契丹國志》卷之九記載：「先是，重熙（1032-1055），興宗以其父聖宗及己畫像二軸，詣宋求易真宗、仁宗聖容，曰：『思見而不可得，故來求聖容而見之也。』宋朝許而會興宗崩，遂寢。至是，遣使再求。宋命修撰胡宿為回謝使，李緩副之，且許以御容，約因賀正旦使置衣篋中交致焉。」

絕對稱得上是「漢文化愛好者」，而這愛好是自小開始培
養的。

耶律洪基龍潛王邸之時，已接受漢文化薰陶。他還是皇太
子時，身邊的近侍、老師都是深通儒學之人，諸如王傅蕭
惟信、[45] 教授姚景行 [46] 和近侍耶律良 [47] 都精通漢文化。在這
群人的薰陶和教導下，耶律洪基對漢文化有深刻的認識。
到了耶律洪基親政後，他更致力於推廣儒學，這在《遼
史》中撿拾可得。例如：

> （清寧元年十二月）戊戌，詔設學養士，頒《五經》傳疏，
> 置博士、助教各一員。[48]
>
> （清寧六年六月）丙寅，中京置國子監，命以時祭先聖先
> 師。[49]

---

45. 《遼史・蕭惟信傳》記載：「資沉毅，篤志於學，能辨論……（重熙）十五年，
    從燕趙國王傅，帝（興宗）諭之曰：『燕趙左右多面諛，不聞忠言，浸以成
    性。汝當以道規誨，使知君父之義。有不可處王邸者，以名聞。』惟信輔導
    以禮。」
46. 《遼史・姚景行傳》記載：「博學。重熙五年，擢進士乙科，為將作監，改燕
    趙國王教授。」
47. 《遼史・耶律良傳》記載：「讀書醫巫閭山。學既博……重熙中，補寢殿小
    底，尋為燕趙國王近侍。」
48. 《遼史・道宗本紀》。
49. 《遼史・道宗本紀》。

（咸雍十年冬十月）丁丑，詔有司頒行《史記》、《漢書》。[50]
（大安）二年春正月辛卯，如混同江。己酉，五國諸部長來
貢。癸丑，召權翰林學士趙孝嚴、知制誥王師儒等講《五經》
大義。[51]
（大安四年夏四月）癸卯，西幸。召樞密直學士耶律儼講《尚
書·洪範》。
（大安四年五月）辛亥，命燕國王延禧寫《尚書·五子之歌》。
（大安五年）三月癸酉，詔析津、大定二府精選舉人以聞，
仍詔論學者，當窮經明道。[52]

推廣儒學當然是有助耶律洪基理平朝政，但從他日常的行
為說話，相信這是出自真心的。退一步說，即使這並非發
自真心，「久假而不歸，惡知其非有也」（《孟子·盡心
上》，大約意思是開始時並非真心，但長期假裝，你又怎
知他沒有這份心思）。

第四節　餘論：「願後世生中國」

晁說之在《朔問下》記載：「（耶律洪基）日齋不忘，嘗
以白金數百，鑄兩佛像，銘其背曰：『願後世生中國。』」

50. 《遼史·道宗本紀》。
51. 《遼史·道宗本紀》。
52. 《遼史·道宗本紀》。

「願後世生中國」從此廣為流傳，後世不少學者以此認為
耶律洪基仰慕漢文化。耶律洪基愛好漢文化，這一點毋庸
置喙，前文亦已析論過。然而，「願後世生中國」卻未必
是這結論的有力證據。

遼國上京臨潢府磚塔及土城遺址，取自小田勝衛編纂：《東洋文化史大系：宋元時代》（東京：誠文堂新光社，1938）。

重熙二十三年（1054）冬十月癸丑，時為皇太子的耶律洪
基曾經在開泰寺鑄造銀佛像，這在《遼史・興宗本紀》有
相關記載，[53] 而耶律洪基亦在銀佛背後刻了四十四個字，

53.　《遼史・興宗本紀》記載：「（重熙二十三年冬十月）癸丑，以開泰寺鑄銀佛
　　　像，曲赦在京囚。」

這亦收錄在《全遼文》卷二〈銀佛背銘〉中。全文如下：

> 白銀千兩，鑄二佛像。威武莊嚴，慈心法相。保我遼國，
> 萬世永享。開泰寺鑄銀佛，願後世生中國。耶律弘基虔心
> 銀鑄。

近人張江裁曾到訪開泰寺，並證明銀佛背後鐫陰文篆書共四十四字，這段見聞收錄在他的《燕京訪古錄》。[54] 所以，「願後世生中國」出自耶律洪基之手當無問題。那麼這句話的問題出在哪裏呢？

最大問題是在於「中國」二字的定義。〈銀佛背銘〉的「中國」，指稱的可能是三個地方：（1）大部分人心目中的宋朝；（2）耶律洪基的祖國遼國；（3）佛陀的祖國中天竺。而今天流傳下來的，只有〈銀佛背銘〉的四十四個字，沒有更多的註釋。換句話說，「中國」是否就是我們心目中的「中國」就成為疑問？

---

54. 張江裁《燕京訪古錄》記載：「西便門內西北一里，菜園井臺後，有頹殘佛殿三楹，內有一臺，上座一佛，高三尺八寸，惡像猙獰，鬚髮鬆烈，雙耳環佩下垂，如金剛像，半衫半甲，花雲戰靴，雙手捧缽、左骹盤、右骹立、皆目裂齒，威武絕世，背後鐫陰文篆書銀佛銘曰共四十四字，考此地，當是大遼開泰寺也。」

歷史不是小說，耶律洪基也是一個擁有真實感情的人，而不是演員，我們是沒法簡單地用「二分法」把他定義為「昏君」或「賢君」。瑞士心理學家卡爾・榮格提出了「人格面具」的概念，作為皇帝、丈夫和父親的耶律洪基，也一樣有多張「人格面具」，我們很難用一個籠統的說法去總結他的為人。最後，我就以《遼史・道宗本紀》的論贊作結：

> 道宗初即位，求直言，訪治道，勸農興學，救災恤患，粲然可觀。及夫謗訕之令既行，告訐之賞日重。群邪並興，讒巧競進。賊及骨肉，皇基寖危。眾正淪胥，諸部反側。甲兵之用無寧歲矣。一歲而飯僧三十六萬，一日而祝發三千。徒勤小惠，茂計大本。尚足興論治哉！

第四章
劍嶺雲橫控西夏 [55]：党項李元昊

《天龍八部》的世界觀很廣闊，在宋、遼和大理的同期，還有一個橫亘在中原西北方的外族國家——西夏。它是中土和尚虛竹的夫人、「夢姑」的娘家。夢姑是李秋水的孫女，天山童姥說她「端麗秀雅，無雙無對」。而她的身份是西夏銀川公主；娶得她，既擁有「顏如玉」，也成為了西夏駙馬，擁有西北半壁江山。所以，小說中人人都對這位西夏公主趨之若鶩。

西夏，一個中國歷史課本中常常出現的國家，我們對它既熟悉，又陌生。熟悉的，是它的名字；陌生的，是它的歷史。

第一節　西夏立國前傳

西夏，是由党項人李元昊在寶元元年（1038）建立的國家。要認識西夏的歷史，我們必需要從唐朝末年說起。

55.　　擷自柳永詞作《一寸金・井絡天開》。

乾符元年（874），銀州刺史拓跋乾暉之孫拓跋思恭，因為平定黃巢之亂有功，授夏州定難軍節度史，封夏國公，並賜姓李。[56] 自此，西夏拓跋氏改為李姓，並成為夏（今陝西橫山縣）、綏（今陝西綏德縣）、銀（今陝西米脂縣）、宥（今陝西靖邊縣）四州的實際統治者。

開平四年（910），西夏李氏第三代（以李思恭為西夏李氏第一代）李仁福為定難軍節度史，先後臣附於後梁、後唐。開運元年（944），西夏李氏掌政者李彝殷率兵協助後晉攻打契丹。乾祐元年（948），李彝殷獲後漢高祖劉知遠授予侍中；乾祐二年（949），後漢以靜州（今陝西米脂縣西）歸之。從此，西夏李氏便據有西北夏、綏、銀、宥、靜五州。

建隆元年（960），李彝殷獲宋太祖趙匡胤封為太尉。死後，更獲贈太師，追封夏王。太平興國七年（982），李彝殷之孫李繼捧繼位，因為族群內部矛盾，於是率族獻地予宋太宗。然而，李繼捧此舉不獲族弟李繼遷認同。素以「勇悍有智謀」見稱的李繼遷於是以恢復故土為號，起兵叛亂，並聯合遼國，不斷侵擾宋朝邊境。

---

56. 《遼史・西夏外紀》記載：「西夏，本魏拓跋氏後，其地則赫連國也。遠祖思恭，唐季受賜姓曰李，涉五代至宋，世有其地。」

雍熙二年（985），李繼遷攻下銀州，自稱定難軍留後，
並向宋朝的宿敵遼國稱臣請婚。遼聖宗耶律隆緒當然不會
放過這個機會，不僅封李繼遷為夏國王，又以封義公主嫁
之。得到遼國擺在眼前的支援後，李繼遷聲勢大增。宋太
宗馬上作出相應舉措，包括任命李繼捧為定難節度使以回
應李繼遷的自稱定難軍留後，同時也任命李繼遷為銀州觀
察使以羈縻之。

淳化五年（994），李繼遷與李繼捧講和，二人秘密締結
合作關係，並定下了「聯遼抗宋」的戰略方針。至道二年
（996），宋夏發生了一場小規模的戰爭。其後，李繼遷遣
使求和。到了咸平五年（1002），李繼遷再次發兵圍攻靈
州，援兵未至，靈州已宣告失守。李繼遷食髓知味，接續
攻下了西涼府（今甘肅武威）。然李繼遷因遭吐蕃六谷部
大首領潘羅支設伏，中流矢身亡，終年四十二歲。[57]

景德二年（1005），宋真宗決定對党項實施以財帛換和平
的方針，主動提出和談。次年九月，和議成立，宋朝敕命
李繼遷之子李德明為定難軍節度使，封西平王，並賜予大

---

57. 《遼史・西夏外紀》記載：「（李繼遷）遂率眾攻西蕃，取西涼府，都首領潘
　　羅支偽降，繼遷受之不疑。羅支遽集六穀蕃部及者龍族合擊之，繼遷大敗，
　　中流矢。」

量銀帛絹茶。狡猾的李德明在得到宋朝封賜後，同時又向遼國稱臣納貢，請求冊封。遼國遂封他為大夏國王。

完成了「和宋聯遼」的戰略方針後，李德明可以騰出雙手，全力西攻回鶻，奪取甘（今甘肅張掖北）、瓜（今甘肅瓜州縣東）二州。後又南擊吐蕃，奪取西涼，並殺敗仇人潘羅支，成功掌握了河西走廊。

李德明對外全力擴張，把鄰近的弱小勢力逐一消滅；對內大力發展農業，鼓勵商貿。其後他更在靈州懷遠鎮（今寧夏銀川）築城，定名興州，作為都城，其野心可謂昭然若揭。

第二節　西夏開國之君：李元昊

從唐末李思恭開始，李氏（拓跋氏）一門即成為了西北一帶的實際統治者。到了李繼遷的時候，慢慢地成為了宋遼都要爭取（或者提防）的境外勢力。[58] 直到李德明時候，更開始有了建邦立業的意識。天聖九年（1031），李德明死，長子李元昊繼位，西夏迎來嶄新一頁。

---

58. 《遼史・西夏外紀》記載：「（西夏）至李繼遷始大，據夏、銀、綏、宥、靜五州，緣境七鎮，共東西二十五驛，南北十餘驛。」

接過父親的名位後，李元昊馬上進行立國的準備。他改姓氏為「嵬名」，並更名為曩霄，號兀卒，以示「李趙賜姓不足重」。他又改革官制、兵制，擴建宮城，升興州為興慶府，定為都城，並頒行西夏文字。景祐元年（1034），李元昊建元「開運」。寶元元年（1038），李元昊正式稱帝，國號「大夏」，改元「天授禮法延祚」。此時，西夏正式立國，疆域西起玉門關（今甘肅敦煌西小方盤城），東至黃河，北抵大漠，南盡蕭關（今寧夏同心南），自南而北共有約六百五十公里。

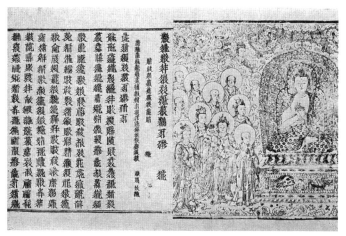

西夏文《華嚴經》卷一，取自小田勝衛編纂：《東洋文化史大系：宋元時代》（東京：誠文堂新光社，1938）。

李元昊稱帝，表面上看來，只是七八年間的事，但仔細想想，其實自李繼遷起，西夏已有不臣之心。所以，稱帝一定是經歷數代的琢磨和籌劃，斷不可能只是這七八年間就辦妥。反觀宋朝，面對着這個昔日的藩國，心裏絕不好受。第一，情感上放不下；第二，宋朝必須做點事以儆效尤。於是，宋仁宗在康定元年（1040）、慶曆元年（1041）和慶曆二年（1042），分別發動了三川口[59]（今陝西安塞縣東）、好水川[60]（今寧夏隆德東）和定川寨[61]（今寧夏固原西北）三大戰役。很可惜，宋軍在這三大征夏戰役中，都是戰敗收場。然而，西夏從戰爭中也得不到「甜頭」，死傷「相半」、「財力不給」，巨大的損失逼使李元昊要與宋朝達成和議。[62] 慶曆三年（1043），李元昊以「西夏主」的名義向宋稱臣，而宋朝則「歲賜銀、綺、絹、茶二十五萬五千」[63] 予西夏。

---

59. 《宋史・夏國列傳》記載：「夏人攻金明砦，執都監李士彬父子。破安遠、塞門、永平諸砦，圍延州，設伏三川口，執劉平、石元孫、傅偓、劉發、石遜等。又攻鎮戎軍，敗劉繼宗、李緯兵五千。」
60. 《宋史・夏國列傳》記載：「元昊自將精兵十萬，營于川口⋯⋯宋師大敗。懌、劉肅及福子懷亮皆戰沒。」
61. 《宋史・夏國列傳》記載：「戰於定川，宋師大敗，葛懷敏死之。直抵渭州，大焚掠而去。」
62. 《宋史・夏國列傳》記載：「元昊雖數勝，然死亡創痍者相半，人困于點集，財力不給，國中為『十不如』之謠以怨之。」
63. 《宋史・夏國列傳》。

西夏王陵，位於寧夏回族自治區銀川市西夏區（行旅拍攝）。

如果大家有留意，前文提及過西夏是同時向宋遼稱臣，所以對「元昊稱帝」不滿的，除了宋仁宗外，還有遼興宗耶律宗真。重熙十三年（1044），耶律宗真親領騎兵十萬，分三路直撲西夏。面對着契丹鐵騎，李元昊甫接戰就敗陣下來，只好退守賀蘭山。狡詐的李元昊深明遼國之不可戰勝，於是一面遣使求和，拖延時間；另一面則連續三次往後方撤退，而每退必定堅壁清野。在這戰略下，遼國戰線給大幅拖長，漸漸地物資補給也困難起來。[64] 這時，李元

---

64. 《宋史·夏國列傳》記載：「遼兵至者日益，夏乃請和，退十里，韓國王不從。如是退者三，凡百餘里矣，每退必赭其地，遼馬無所食，因許和。」

昊覷準時機，縱兵劫掠，大敗遼軍於德勝寺南壁，致使耶律宗真只能隨着數騎遁逃。李元昊深明遼國之強大，目前縱然是小勝，但很快會緩過氣來，所以他果斷地遣使求和，以免泥足深陷。

聰明的李元昊明白到宋、遼、夏三個的微妙關係。它們就像昔日的魏、蜀、吳三國，也像秦末的劉邦、項羽和韓信，三者互相制衡。最弱的西夏當然是攻劫的目標，但是它卻不是一顆軟柿子，可以隨便揉捏。無論是宋朝還是遼國，要吃下西夏都必需大費周章。而宋遼雖然都是強國，但誰都沒有滅掉對方的絕對把握。在攻掠西夏時，誰都要留一手以防對方偷襲。事實上，在宋夏三大戰役進行時，遼國曾經趁火打劫，想乘勢敲詐宋朝。因此，最不想宋夏和議的，肯定是遼國。倒過來說，宋朝也不想看到慶曆四年（1044）的遼夏之戰就此結束。

總之，李元昊就是覷準了這種微妙的三角關係，帶領西夏周旋在宋遼之間。

第三節　虛竹岳丈李乾順

上一章寫過喬峰義兄遼道宗耶律洪基的事蹟，而這時候西

夏的當家君主應為李乾順。《天龍八部》如此寫道:「西夏疆土雖較大遼、大宋為小,卻也是西陲大國,此時西夏國王早已稱帝,當今皇帝李乾順,史稱崇宗聖文帝,年號『天祐民安』,其時朝政清平,國泰民安。」

李乾順是李元昊的曾孫。慶曆八年(1048),李元昊為太子寧令哥刺傷身亡。在舅父沒藏訛龐的安排下,夏毅宗李諒祚以一歲之齡繼位。如此幼年登位,國家權柄自然落在母親沒藏氏和她的兄長手中。待李諒祚十二歲時,即宋仁宗嘉祐四年(1059),在大將漫咩等支持下,李諒祚誅殺沒藏訛龐及其家族,正式執掌國家朝政。可惜,掌政不久,正值壯年的李諒祚卻在二十一歲英年早逝。

治平四年(1067),李諒祚長子李秉常以七歲之齡繼立,並由梁太后攝政。皇帝年幼、太后權重,西夏政權又再次落入外戚手中。夏惠宗李秉常是一個愛好漢族儒家文化的君主,常常想「復行漢禮」,廢除「蕃儀」,然而權柄盡在梁氏姐弟(梁后之弟為梁乙埋)手中,他無可奈何。而且,梁氏姐弟為了個人利益,常假借李秉常名義向宋朝發動戰爭。於是,夏宋兩國關係又步入低谷。元豐四年(1081),梁氏姐弟把李秉常軟禁在興慶府附近之木砦,引發西夏動亂。宋神宗藉機攻夏,然而皆大敗而回,更被

逼簽訂和約。元豐八年（1085），梁太后逝世。翌年，李
秉常以二十六歲之齡逝世。

李諒祚、李秉常皆以沖齡即位，又以壯年逝世。而虛竹之
岳丈，即李秉常長子，夏崇宗李乾順亦以沖齡即位。

元祐元年（1086），李乾順以三歲之齡繼位，由其母梁
氏（昭簡文穆太后、梁乙埋之女）、皇族嵬名阿吳、將軍
仁多保忠，共同輔政，分掌西夏軍政大權。這三人背後牽
連着千絲萬縷的家族利益，彼此衝突不絕，由是「疑阻日
深」。元祐九年（1094），西夏終於發生內亂，嵬名阿吳、
仁多保忠在梁太后的支持下，誅殺「潛謀篡奪」的外戚梁
乙逋（梁太后之弟）。

除去權臣梁乙逋後，梁太后獲得前所未有之權力，她把持
西夏軍政大權，對外入侵宋境，對內專政獨裁。為了對抗
西夏的入侵，宋朝在邊境修築堡寨五十餘所。梁太后曾親
率大軍進攻其中的平夏城（章楶修築，今寧夏固原市原州
區三營鎮）和靈平砦（亦為章楶修築，今寧夏固原市原州
區頭營鎮王浩堡村），遭受宋軍據城砦頑強抵抗，最後大
敗折返。元符二年（1099），遼道宗耶律洪基深明梁太后
已盡失人心，故遣使至西夏，賜其毒酒。

梁太后死後，李乾順終於親掌政權，時年十六歲。據《西夏書事》卷三十一記載，李乾順「秉性英明，處事謹慎，守成令主也」，[65]「令主」即是「賢德之君主」的意思，李乾順似乎是一個不錯的君主。反觀宋朝，宋哲宗趙煦雖然只有二十出頭，但他當皇帝不久便病故，由宋徽宗趙佶接手，也即是在靖康之難被金人擄去的二帝之一。而遼國的境況也不見得好，乾統二年（1101），遼道宗耶律洪基身故，帝位將傳到末代皇帝天祚帝耶律延禧手上。宋、遼、夏，本來是宋遼強、西夏弱的形勢，但這兩年將迎來天翻地覆的改變。

李乾順親政後，第一件事就是改變梁太后「攻打宋朝」的戰略。他明白到夏國的存在方略是既不得罪宋，也不開罪遼。無論是宋還是遼，都沒有能力一口把西夏吃掉，但連年征戰，只會拖垮國內經濟，大有亂起蕭牆之虞。因此，他選擇了「和宋附遼」的戰略方針。事實上，從政和四年（1114）起，宋夏接連發生古骨龍、臧底河、仁多泉震武城和統安城多場戰事，雙方各有勝負，損耗甚鉅。有鑑於此，李乾順果斷地在宣和元年（1119）主動向宋請和，宋

65.　《西夏書事》卷三十一記載：「乾順使殿前太尉李至忠、秘書監梁世顯如遼貢獻請婚。遼主問乾順為人，至忠對曰：『秉性英明，處事謹慎，守成令主也。』遼主善其對，命徐議之。」

徽宗也下令罷兵。至於遼國，李乾順在親政之初（元符三
年〔1100〕），為了消弭梁太后之死的風波，即向遼道宗
請結姻親。遼道宗卻不允。到了乾統四年（1104），天祚
帝才把宗室女成安公主嫁予李乾順。

李乾順對外和宋附遼，對內積極倡導學習漢文化。之前，
李元昊「創建蕃學」，於是西夏舉國傾向「蕃學」，而「漢
學日壞」，致使「士皆尚氣矜，鮮廉恥」。因此，李乾順
「始建國學」，置教授，設弟子員三百人，並由官府提供

西夏灰陶脊獸，藏於西夏王陵博物館（行旅
拍攝）。

廩食，量才錄用。[66] 西夏士風因而有所轉變。

第四節　宋遼亡，夏國存

宋、遼、夏三國國勢此消彼長。宋遼俱逢君主新喪，而夏國卻迎來李乾順的親政。李乾順之前，歷代夏主大都是英年早逝，而嗣位者都是孩童，國家權柄往往掌握在外戚與宗室之手，國勢自不可能安穩。自李乾順親政以後，制定任用官員和后妃宗族的升遷制度，國勢由是日趨穩定。

正當西夏國勢冉冉而起之際，另一股少數民族勢力──女真也慢慢崛起，成為遼國背後之疽、宋朝他日之患。

保大二年（1122）三月，金攻遼西京，李乾順派出五千兵馬馳援遼國，未幾西京失守。五月，遼天祚帝遁逃陰山，

---

66. 《西夏書事》卷三十一記載：「自曩霄創建蕃學，國中由蕃學進者諸州多至數百人，而漢學日壞。士皆尚氣矜，鮮廉恥，甘罹文網，乾順患之。御史中丞薛元禮上言：『士人之行，莫大乎孝廉；經國之模，莫重於儒學。昔元魏開基，周、齊繼統，無不尊行儒教，崇尚《詩》、《書》，蓋西北之遺風，不可以立教化也。景宗以神武建號，製蕃字以為程文，立蕃學以造人士，緣時正需才，故就其所長以收其用。今承平日久，而士不興行，良由文教不明，漢學不重，則民樂貪頑之習，士無砥礪之心。董子所謂不素養士而欲求賢，譬猶不琢玉而求文采也，可得乎？』於是乾順命於蕃學外特建國學，置教授，設弟子員三百，立養賢務以廩食之。」

李乾順遣大將李良輔領三萬精兵援救，並於天德軍設伏兵擊敗金兵。[67] 得勝後，李良輔驕矜自傲，結果反為金將婁室與斡魯夾擊戰敗，損失慘重。[68] 遼天祚帝只好再逃亡。

保大三年（1123）正月，李乾順再次出兵救遼。他按遼主命令，屯兵於可敦館，相為聲援。然而，金將婁室領兵戍守朔州，築城霸德山，把西夏大軍阻隔在外。五月，金都統斡魯遣斡離不、銀術可等攻襲陰山，俘虜了遼國宗室。天祚帝詐降，實西逃雲內。

按《西夏書事》卷三十三記載：「夏與金兵勢懸殊，乾順不畏宜水之敗，復出師為遼聲援，霸德山之阻，乃力之不足，非心不誠也。」夏國兵力實在不足與金兵相論，所以西夏可以說是仁至義盡。故於天會二年（1124）正月，李乾順「奉表稱藩於金，金賜以遼西北地」。保大五年（1125），李乾順皇后、遼國成安公主，因為遼國覆亡，而且世子李仁愛早夭，「不食」而死。

---

67. 《西夏書事》卷三十三記載：「五月，遣大將李良輔救遼，破金兵於天德軍。」
68. 《西夏書事》卷三十三記載：「良輔既勝金軍，時久雨，謂金兵怯，恃眾不備。已，聞婁室出陵野嶺，留將拔離速扼險來拒，遂縱兵渡宜水，為方陣前突。婁室分軍為二，迭出迭入，轉戰三十里，將近宜水，金都統斡魯軍又至，從旁合擊。良輔大敗，死者數千人，退走野谷，渡澗水，水暴至，漂沒不可勝計。」

靖康元年（1126），李乾順與金國約定共同攻略宋朝。李乾順乘金攻宋之機，佔領了天德軍（今內蒙古烏拉特前旗北）、雲內州（今內蒙古呼和浩特西南）、震威城（今陝西榆林境內），後來天德軍、雲內州被金人佔去。而西夏獲得西安州（今寧夏海原西）、懷德軍（今寧夏固原北）作補償。

靖康二年（1127），金國攻破北宋首都汴京，擄走徽欽二帝，北宋宣告滅亡。天會十五年（1137），金國把樂州（今青海樂都）、積石州（即後來的「祈安城」，今青海貴德縣境）、廓州（今青海化隆回族自治縣西南黃河北岸）割予夏國，並設榷場（邊境市場）。此時，夏國在李乾順的領導下，疆域之廣，可謂空前絕後。

紹興九年（1139）六月，李乾順過世，其子李仁孝繼位。他繼承了父親的做法，十分重視儒學教育，即位不久，即下令各州縣設立學校，並尊孔子為文宣帝，興修孔廟。後又仿宋朝科舉制，立「唱名法」，策試舉人，並任命為官。雖然李仁孝頗有其父之風，並締造了天盛盛世（天盛為李仁孝之年號），但由於西夏官僚作風日趨腐敗，而且國內的官、軍、僧數目劇增，造成龐大的財政壓力，夏國已步入由盛轉衰的局面。

第五節　西夏之衰亡

乾祐二十三年（1193），李仁孝卒，其子李純祐繼位。自
李純祐始，西夏國勢日漸傾頹。當時，蒙古部族在成吉思
汗領導下開始在漠北崛起。

天慶十二年（1205），蒙古攻陷夏國之吉里寨，縱兵劫掠
後離去。[69]翌年，鎮夷郡王李安全（李乾順之孫、李仁孝
之侄）廢純佑自立，改元應天。同年，成吉思汗以夏國不
納貢為由，攻取了西夏之「斡羅孩城」。

自天慶十二年始，蒙古就經常攻打西夏，而且每每大捷而
回。應天四年（1209），夏國皇子李承禎為元帥，率兵抵
禦蒙古，但大敗而回。外族的入侵、內部的腐敗，加速了
西夏滅亡的節奏。

光定元年（1211），齊王李遵頊廢李安全自立。遵頊繼位
後，仍然與金國連年爭戰，給予蒙古可乘之機。光定六年
（1216），李遵頊不理成吉思汗約攻花剌子模之令，結果
遭受蒙古第四次進攻。最後，李遵頊遁逃到西京西平府，

---

69. 《西夏書事》卷三十九記載：「蒙古初來侵，破力吉里寨。」

由太子李德任代守城。蒙古軍退後，李遵頊終於明白「火頭」不能太多，於是主動向金國提出議和，共抗蒙古，可惜金國不許。後又想「聯宋攻金」，不過朝中意見不一，最後難以執行。

乾定元年（1223），李遵頊因太子李德任不肯領兵侵金，故將之廢黜，並改傳位於次子李德旺，「自號上皇」。李德旺即位後，馬上暗地裏聯絡漠北諸部，共同抵抗蒙古。乾定二年（1224），蒙古大將孛魯攻擊銀州，西夏守將塔海被俘。此時，西夏與金國才認識到蒙古力量之大，必須共同抵禦，方有生存之機，然而，知之已晚，因為這時候兩國已是奄奄一息了。

寶慶元年（1226）春二月，蒙古分兩路進侵西夏，其中漠北南下一路還要是由成吉思汗親自率領。[70] 五月，「屠肅州」，「上皇」李遵頊亦在此時逝世。七月，蒙古攻破西涼府。李德旺憂慮病死，由其侄兒南平王李睍繼任。八月，蒙軍連陷應理（今寧夏中衛）等縣。十月，破夏州。

---

70. 《西夏書事》卷四十二記載：「寶慶二年、夏乾定三年春二月，蒙古攻黑水城，破之。蒙古主積怒夏國，親將兵十萬來攻，至秦川，德旺遣人撤橋梁拒之。蒙古宣撫使王楫夜督士卒運木石，比曉，橋成。遂進兵，度沙磧，入河西，擊散撒裏特勒赤閔諸部，攻黑水城，破之。蕃部死者數萬。」

十一月，攻下靈州，兵圍西夏首都中興府，「故太子德任死之」。十二月，進攻鹽州川，「大殺居民」。

寶慶二年（1227）一月，成吉思汗留部分兵馬攻城，自己則率軍南下。二月，攻佔積石州（今青海德縣境）。三月，破沙州。閏五月，蒙古「遣使諭降」。六月，成吉思汗「自龍德州避暑六盤山」，不久病逝。蒙古軍秘不發喪，以免影響戰事。六月，蒙古兵圍中興府已半年，「城中食盡，兵民皆病」，李睍親率文官武將「奉圖籍出降」。

同年七月，拖雷按照成吉思汗遺囑，往薩里川殺李睍。蒙軍攻破中興府後，都內宮室、陵園被大肆破壞。

西夏自李元昊立國（1038），凡一百八十九年。

第五章
幾股湘江龍骨瘦[71]：女真完顏阿骨打

> 蕭峰一聲斷喝，雙掌齊出，拍一聲悶響，劈在猛虎的肚腹之
> 上。虎腹是柔軟之處，這一招「排雲雙掌」正是蕭峰的得意
> 功夫，那大蟲登時五臟碎裂，在地下翻滾一會，倒在雪中死
> 了……那獵人側身避開，鐵叉橫戮，噗的一聲，刺入猛虎
> 的頭頸，雙手往上一抬，那猛虎慘號一聲中，翻倒在地。那
> 人雙臂使力，將猛虎牢牢的釘在雪地之中……那人大喜，
> 指指自己鼻尖，說道：「完顏阿骨打！」蕭峰料想這是他姓
> 名，便也指指自己的鼻尖，道：「蕭峰。」那人道：「蕭峰？
> 契丹？」蕭峰點點頭，道：「契丹！你？」伸手指着他詢問。
> 那人道：「完顏阿骨打！女真！」蕭峰素聞遼國之東、高麗
> 之北有個部族，名叫女真，族人勇悍善戰，原來這完顏阿骨
> 打便是女真人。
>
> ——《天龍八部》

在《天龍八部》中，蕭峰與完顏阿骨打在長白山共搏雙虎
而相識。這個完顏阿骨打就是金國的開創者。金庸小說
中，金國的主要演出場地是在《射鵰英雄傳》，而其主要
人物完顏洪烈也正是導致郭靖、楊康二人決裂的重要肇因。

71.　擷自金章宗完顏璟的一首題扇詞《蝶戀花‧聚骨扇》。

第一節　女真之崛起

金國是接續遼朝稱霸東北的外族政權。經過百年和平，契
丹人尚武之風大不如前，加上其政局不穩，女真人乘勢在
東北崛起。

按今日可見的漢文文獻記載，女真應是周秦時期世居於
「白山黑水」（長白山、黑龍江一帶）的肅慎之後。肅慎是
譯名，在北魏時期譯作勿吉，隋唐時期譯作靺鞨。靺鞨有
七個部落，分別是粟末靺鞨（與古高麗相接）、伯咄部（在
粟末部之北）、安車骨部（在伯咄東北）、拂涅部（在伯
咄東）、號室部（在拂涅東）、黑水部（在安車骨西北）、
白山部（在粟末東南）；其中，黑水部以「善射獵」聞
名。[72] 到了五代時期，契丹人稱黑水靺鞨為女真，從此，
黑水靺鞨就被視為女真人的第一代祖先。[73]

據《金史》記載，五代時期契丹人攻取渤海國，盡取其

---

72. 《新唐書‧靺鞨傳》稱靺鞨「為數十部，酋各自治」。而黑水靺鞨的經濟以狩
　　獵、畜牧和農業為主，「善射獵」。
73. 《金史‧太祖本紀》記載：「金之先，出靺鞨氏。靺鞨本號勿吉。勿吉，古肅
　　慎地也。元魏時，勿吉有七部：曰粟末部、曰伯咄部、曰安車骨部、曰拂涅
　　部、曰號室部、曰黑水部、曰白山部。隋稱靺鞨，而七部並同。唐初，有黑
　　水靺鞨、慄末靺鞨，其五部無聞。」

地，而原先臣附於渤海國的黑水靺鞨亦轉而附屬於契丹。
南部歸附契丹籍者，稱為「熟女真」；北部不屬契丹者，
稱為「生女真」。這群「生女真」的居住地就是肅慎的原
居地「白山黑水」。「白山黑水」苦寒的自然環境養成了
女真人金石一般的堅強意志。據《大金國志·初興風土》
記載：「（女真人）俗勇悍，喜戰鬥，耐饑渴苦辛，善騎，
上下崖壁如飛，濟江河不用舟楫，浮馬而渡。」這種勇
悍、拚命的族群特質，正是日後金兵能馳騁中原不可或缺
的條件。

金國佛像，位於山西大同市善
化寺。善化寺原名開元寺，後
改名大普恩寺，始建於713至
741年間，1122年大部分毀於戰
火，1128年重修，1145年改名善
化寺，取自小田勝衛編纂：《東
洋文化史大系：宋元時代》（東
京：誠文堂新光社，1938）。

女真立國之前，它的社會組織已有別於一般少數民族，頗具國家制度。《金史・百官志》記載：「金自景祖始建官屬，統諸部以專征伐，巋然自為一國。其官長皆稱曰勃極烈（女真語，意若「大人」、「長官」，與後來滿語「貝勒」是同音異字 [74]） [75]，故太祖（完顏阿骨打）以都勃極烈嗣位，太宗以諳版勃極烈居守。」景祖，即完顏烏古乃，是金國開國君主完顏阿骨打的祖父。他是「生女真」完顏部酋長，在任期間平服了女真諸部，奠定了女真後來立國的基礎。這制度和任命，除了是女真內部的共識外，也獲得當時草原上的霸主遼國認同。完顏烏古乃因為「擒獻拔乙門」而獲得遼國封為生女真部族節度使。完顏烏古乃成為節度使後，開始建立自家的體制與網紀，這比一般部落顯然是進步很多。

作為「都勃極烈」，完顏阿骨打 [76] 合理地繼承部落領袖的職任。《金史・太祖本紀》說完顏阿骨打「幼時與群兒戲，力兼數輩，舉止端重，世祖尤愛之」，小時候就已「好弓

---

74. 女真語屬於阿勒泰語系・通古斯語族，是滿語的「祖語」，它的語音與滿語有不少相同之處，而詞彙更是大同小異，其句法結構也基本一致。
75. 周惠泉：〈有金一代：輝煌的歷史與燦爛的文化〉，《江蘇大學學報（社會科學版）》，第 12 卷第 2 期（2010 年 3 月），頁 31-42。
76. 金太祖完顏阿骨打，漢名完顏旻。女真族完顏部酋長烏古乃之孫、劾里鉢次子。

矢」，十分「善射」，其所射之箭除了比常人要遠，還要極準，完全是女真人「善射獵」的寫照。完顏阿骨打不單擁有武力，更是一個穩重的人，這可謂具備了領袖的必要條件。

筆者小時候讀過一篇課文，叫做〈傷仲永〉，知道「小時了了，大未必佳」，然而完顏阿骨打成人後，卻一如所有的開國君主一樣，擁有非凡的長相和人格魅力。《三朝北盟會編》卷三記載，他成年以後，「身長八尺，狀貌雄偉，沉默寡言笑，顧視不常，而有大志」。這裏的「八尺」並不是現代的標準，古代一尺大約就是現代的二十三厘米，所以完顏阿骨打大概就是現代人的一百八十四厘米，算是很高大了。除了外表雄偉，完顏阿骨打更是一個沉穩，而且胸懷大志之人，這與《天龍八部》所描述的所差無幾。

作為邊陲少數民族，遼朝深明邊境部落強大帶來的危險，可是由於舉國都在享受着和平帶來的寧靜，所以不知道甚麼是養虎為患。於是，遼國之於女真，除了苛索，還是苛索——遼朝在寧江州（今吉林松原市東石頭城子）設有榷場（即市場），利用自身的權力，常常欺壓女真人，即《契丹國志》所謂「州人低其值，且拘辱之，謂『打女真』」。

此外，遼主更常苛索女真人每年要以北珠、貂皮、良犬和海東青為貢品。這海東青，即是現代所謂矛隼，是狩獵的最佳幫手。傳說女真人善於訓練海東青捕捉天鵝，因天鵝捕食海蚌，從牠身上就可以間接取得北珠。遼國深知北珠在與宋朝互市時可以賣得極高價錢，所以常常逼迫金人以海東青為貢品。可是，海東青不僅極難捕獲，而且馴養不易，所以女真人常常沒法獻貢而被辱。

貢品，是身外之物，尚且可以忍讓，但是近乎掠奪的「選秀」，則是女真人沒法容忍之事。這裏所謂「選秀」，其實只是客氣的說法，這根本就是「強搶民女」。遼國經常會派出使者到女真，是為「銀牌天使」。「天使」甫至境內，即要女真人奉上女子陪伴夜宿。有時女真人安排不上，「天使」便會仗着遼國威勢，自行「挑選」美女，無論是否經已婚嫁，都會強行要求伴宿。這對女真男人來說，無疑是極大的侮辱。於是，「諸部皆怨叛，潛附阿骨打，咸欲稱兵以拒之」（《三朝北盟會編》卷三）。

面對族群的榮辱、部落的生死，完顏阿骨打決定要跟遼國好好幹上一場。首先，他利用強大的軍事力量、個人的威望，統一了鄰近女真諸部，通過兼併不斷壯大自己的力量。接着，就是迅速進行戰爭，「使備衝要，建城堡，修

戎器」（《金史‧太祖本紀》）。

第二節　惟金不變，以金破鐵

《金史‧太祖本紀》說：「遼以賓鐵為號，取其堅也。賓鐵雖堅，終亦變壞，惟金不變不壞。金之色白，完顏部色尚白。」契丹原來的意思是「鑌鐵」；這句話原是出自完顏阿骨打，他的意思是「鑌鐵」雖然堅硬，但只有「白金」不會敗壞，加上完顏部的主色就是白色，所以他選擇了「金」作為國號，決意要破遼自立。

「白金破鑌鐵」，這是後話了，我們還是把時鐘指針撥前一點，看看天慶四年（1114）所發生的事情。

這年九月的深秋時節，完顏阿骨打終於起兵反遼了。他召集了各部落人馬共二千五百人，齊集在來流水得勝陀（今吉林扶餘縣徐家店鄉石碑崴子村）舉行誓師大會，將遼朝的罪名申告於天地，「世事遼國，恪修職貢，定烏春、窩謀罕之亂，破蕭海里之眾，有功不省，而侵侮是加。罪人阿疏，屢請不遣。今將問罪於遼，天地其鑑佑之」，把遼國有功不賞、有罪不懲既申告於上蒼，也昭告於世人，為自己起兵一事先佔了「道德高地」。他並且要求諸將立

誓，承諾同心盡力，有功者賞，有罪者懲，統一了各部將
領的心志，提升了他們的士氣。

完顏阿骨打的第一個目標，就是位於最近前線的寧江州
（治所在混同縣，即今吉林扶餘市東石頭城子）。這是遼
國控制女真人的前哨軍事重地，他知道此時天祚帝正沉醉
於他最愛的畋獵之中，對他們的行動可謂不聞不問，而且
遼朝邊將對女真一向十分輕視。因此，他決定以迅雷不及
掩耳之勢，火速攻下寧江州。

此時，手上只有二千五百兵馬的完顏阿骨打心裏極之惴惴
不安，畢竟遼國是橫行北方逾百年的王者，再怎樣不濟，
也不可能輕易被擊倒。所以，他必須小心行事，好好利用
遼國「輕敵」的心理，用雷霆萬鈞的一擊，先發制人。

或許世間真的有所謂「天命」，而完顏阿骨打正是所謂「天
命之人」，所以這場「初戰」順利得讓人不敢相信。當時
天祚帝正在享受他的「假期」，得知女真起兵叛亂的消
息，他並沒有太多的反應，只是派遣海州刺史高仙壽統領
渤海軍應戰。步步為營的完顏阿骨打看到遼國大軍來援，
知道不能力敵，只可智取。所以，他命令部下佯退，一路
引誘驕縱的遼軍追擊，企圖拖長戰線，以打亂其陣勢。果

然，這戰術十分湊效，他乘遼將耶律謝十陣前墜馬，趁勢回師掩殺，把高仙壽大軍徹底擊潰。

《左傳·莊公十年》説打仗要「一鼓作氣，再而衰，三而竭」。既然「初戰」首嚐勝利，完顏阿骨打自然不會不加以利用。他昭告眾將，「一戰而勝，遂稱大號，何示人淺也」，以立國激勵眾人死戰。一如所料，在極高昂士氣的鼓勵下，女真「諸軍填塹攻城」，寧江州守將只好棄城而逃。

寧江州大捷後，完顏阿骨打並沒有放慢他的進攻步伐。他深明人類趨利避害的心理，所以暗中放回在寧江州之戰俘獲的防禦使大藥師奴，命他招諭遼人降順。[77] 同時，他又派完顏婁室遊説歸附遼國的渤海女真，回歸自己的陣營。[78] 他這招十分高明，一方面避免了與遼軍過早正面交鋒；另一方面，既損害了遼軍，也大大地補充了女真的力量。

---

77. 《金史·太祖本紀》記載：「十月朔，克其城，獲防禦使大藥師奴，陰縱之，使招諭遼人。」
78. 《金史·太祖本紀》記載：「召渤海梁福、斡答剌使之偽亡去，招諭其鄉人曰：『女直、渤海本同一家，我興師伐罪，不濫及無辜也。』使完顏婁室招諭係遼籍女直。」

未幾，在神明示警下，女真再次在出河店（今黑龍江肇源西南）大敗遼軍。[79] 遼人曾説過，不能讓女真擁有一萬兵馬，否則他們是不可擊破的。至此，女真甲兵終於「滿萬」了。[80]

出河店大捷後，又迎來賓州、祥州、咸州的大勝。接連的捷報，不單大大鼓舞了女真部隊的士氣，而且更讓完顏阿骨打相信遼國並非不可戰勝。

天慶五年（1115）正月，完顏阿骨打實踐他的戰時諾言，「即皇帝位」，定國號「大金」，改元「收國」，並立下「以金破鐵」的目標。

第三節　滅遼之路

完顏阿骨打還沒享受幾天的「帝皇之樂」，就匆匆牽來戰馬，披甲討遼了。他第一個目標是鄰近的黃龍府（今吉林長春市農安縣縣城內）。沒錯，這就是後來岳飛豪言要

---

79. 《金史‧太祖本紀》記載：「未至鴨子河，既夜，太祖方就枕，若有扶其首者三，寤而起，曰：『神明警我也！』即鳴鼓舉燧而行。」
80. 《金史‧太祖本紀》記載：「遼人嘗言女直兵若滿萬則不可敵，至是始滿萬云。」

「直搗黃龍府」[81]的那個地方，也就是金國的「龍興之地」。

黃龍府對遼國來說，也有非凡的意義。據《遼史·太祖本紀》記載，遼太祖龍馭賓天前一夜，有黃龍在扶餘府子城上繚繞，長達一里，「光耀奪目，入於行宮」。翌日，遼太祖賓天，而其所崩之行宮正是此子城，故此日後遼人改扶餘府為黃龍府。因此，這次完顏阿骨打兵犯黃龍，天祚帝也不敢太過輕慢其事，派遣都統耶律訛里朵、左副統蕭乙薛、右副統耶律張奴、都監蕭謝佛留，率兵二十萬趕赴黃龍，而且還派「步卒七萬戍邊」。大家一定感到很奇怪，為甚麼《金史》要刻意突出這七萬名步卒？事實上，這七萬名步卒除了武器外，還配備了農具，他們的主要工作其實是屯田。屯田早見於西漢，漢武帝派兵在西域邊防既戍衛也墾耕，目的是要讓邊卒能自給自足，以收長期戍衛之效。按此思路去推測，估計遼主大概認為女真是可以驅逐而不可以殲滅，這也從側面說明了完顏阿骨打兵勢之強。

面對着女真士氣高昂的部隊，遼朝更大程度上希望用和議解決兵刃問題，可惜因為名位問題，和議很快就拉倒了。

---

81. 《金佗稡編》卷八記載：「這回殺敵人，直到黃龍府，當與諸君痛飲。」

遼國主動議和的舉動，其實也給予了金人更大的信心。因為就兵力而言，二十七萬遼兵對上最多二萬的金兵，遼國卻急於議和，這說明了甚麼？遼國並不想打仗！士氣之低，不言而喻。後來，完顏阿骨打在攻打達魯古城時，看到遼兵多得像「連雲灌木狀」，也豪情壯言：「遼兵心貳而情怯。雖多不足畏！」「離心離德」、「膽怯畏戰」，完顏阿骨打一語道破了遼兵的最大弱點。

只用了一日一夜，金兵已擊潰遼兵，用摧枯拉朽來形容，實不為過。草原民族的戰利品，除了牛羊、財帛，更重要的是人口。這既是兵力的來源，也等同國家的經濟能力。而且，在這次大捷之中，完顏阿骨打更奪得大量農具；人口加農具，奠定了日後金朝迅速崛起的經濟基礎。

遼金的國力，畢竟相去甚遠，所以完顏阿骨打每一步都要走得穩妥，否則好不容易得來的勝果也要回吐出來。攻破魯古城後，完顏阿骨打並沒有直接攻打黃龍府主城，反而是採取掃蕩手法，把府城西北的諸城全部攻下，目的是要拔掉黃龍府的援軍，斷了城內守將的生機，再率軍包圍黃龍府。八月，他親率大軍總攻黃龍府；九月，金兵攻克黃龍府。

遼國失卻了這個軍事重鎮，天祚帝終於知道甚麼是「恐懼」了。同年十一月，他決定御駕親征，親率七十萬大軍，企圖用壓倒性的兵力，一舉把這個新興政權消滅於萌芽階段。[82] 天祚帝命蕭胡篤為先鋒都統，耶律章奴為都監。當大軍渡過鴨子河之後，耶律章奴與魏國王耶律淳的妻兄蕭敵里及其甥蕭延留等人，密謀廢掉天祚帝，改立耶律淳。[83] 天祚帝得知後方發生叛亂後，只好撤軍西還。然而，這偌大的軍陣，並不是說東進就東進，說西還就西還，這撤退的指令顯然是為完顏阿骨打締造了一個可乘之機。[84]

完顏阿骨打聞訊後，憑着天生的「獵人嗅覺」，知道這是天賜良機，於是馬上率兵，緊追不捨。他終於在護步答岡（今黑龍江五常市西）追上遼軍了。面對着這三十五倍軍力，他並不擔心，他對着金國總共兩萬人馬說道：「敵人人數眾多，而我軍兵力極少，所以我們只有集中兵力，瞧

---

82. 《金史・太祖本紀》記載：「十一月，遼主聞取黃龍府，大懼，自將七十萬至駝門。附馬蕭特末、林牙蕭查剌等騎五萬、步四十萬至斡鄰濼。上自將禦之。」

83. 《遼史・耶律章奴傳》記載：「及天祚親征女直，蕭胡篤為先鋒都統，章奴為都監。大軍渡鴨子河，章奴與魏國王淳妻兄蕭敵里及其甥蕭延留等謀立淳，誘將座三百餘人亡歸。」

84. 《金史・太祖本紀》記載：「知遼主以張奴叛，西還二日矣。是日，上還至熟結濼，有光見于予端。戊申，諸將曰：『今遼主既還，可乘怠追擊之。』」

着遼國中軍猛打，天祚帝一定藏在那裏。只要擊敗遼主，我們就可以獲得勝利！」[85]

他定下了戰略、鼓舞了士氣，便派出了右翼軍隊作戰。待遼軍的注意力被右翼吸引着的時候，他馬上調動左翼軍隊，從戰場的右方，也即是遼軍的背後（因為遼軍給金國首發右軍吸引了注意力，全軍調頭向右，所以左方成為了後背）攻入。金兵人數雖少，但全是騎兵，而且人人皆弓馬嫻熟，能以一當百，所以此時的左翼軍就像一把小尖刀，從戰場的左側，一路刺穿至右側。只是一陣子的工夫，遼兵軍陣已徹底潰散。大家都聽過淝水之戰，知道軍陣一散，基本上是沒有可能控制了，敗陣已成定局。[86]

這場戰鬥絕對是以少勝多的經典戰例。完顏阿骨打只用了兩萬人馬，就擊潰了天祚帝七十萬兵馬，是一場一比三十五的戰役。遼兵的屍骸鋪在地上，可達「百餘里」。戰後，金兵虜獲輿輦、鑾輅、兵械、戰馬不可勝計。

---

85. 《金史・太祖本紀》記載：「上曰：『彼眾我寡，兵不可分。視其中軍最堅，遼主必在焉。敗其中軍，可以得志。』」
86. 《金史・太祖本紀》記載：「使右翼先戰。兵數交，左翼合而攻之。遼兵大潰，我師馳之，橫出其中。」

宛若天神一般的完顏阿骨打，成為了遼兵的夢魘，是一個不可戰勝的神話。

天慶六年（1116），金國立國的第二年，其東路軍佔領遼國五京之一的東京遼陽府（今遼寧遼陽市）。

宣和二年（1120）四月，完顏阿骨打率軍攻打遼國，並命前來議盟的宋使趙良嗣隨行。完顏阿骨打此舉明顯是要讓宋朝知道金朝的實力，意欲在《海上之盟》中攫取更多的好處。五月，金兵至遼國上京臨潢府（今內蒙古赤峰市巴林左旗林東鎮南郊），完顏阿骨打命令趙良嗣前來，告訴他說：「待會你留心看着我用兵，然後再想想是否要與我大金國締結盟約。」說罷，完顏阿骨打親自登臨城下，督促將士死命攻城。[87] 連皇帝都身先士卒，金兵上下哪裏不拚死相搏。於是只要用了一個早上的時間，金兵便攻下了臨潢府。而看到金兵如此威勢，本來首鼠兩端的趙良嗣自然明白金兵根本不需要宋朝的力量，也能一舉滅遼。於是，宋金之間的《海上之盟》也訂下來，而北宋滅亡之路也隨即鋪開了。

---

87. 《金史‧太祖本紀》記載：「上謂習泥烈、趙良嗣等曰：『汝可觀吾用兵，以卜去就。』上親臨城，督將士諸軍鼓噪而進。」

金國上京會寧府遺址，取自小田勝衛編纂：《東洋文化史大系：宋元時代》（東京：誠文堂新光社，1938）。

接着，金朝東路軍攻下遼國中京大定府（遼朝最大的陪都，地理位置與中原地最近，位在今蒙古赤峰市寧城縣天義鎮以西約十五公里的鐵匠營子鄉和大明鎮之間的老哈河北岸），天祚帝逃亡大漠。同時，西路軍也攻下西京大同府（今山西大同）。而原先議定由宋朝攻打的南京析津府（又名燕京，位於今北京西南），最後也要由金兵幫忙攻下。五京陷落，帝主逃亡，遼國也名存實亡了。

天會元年（1123）八月，完顏阿骨打在仍未成功捕捉天祚帝的遺憾下，於堵濼西行宮病逝，享年五十六歲 。兩

年之後，天祚帝在應州新城（今山西懷仁縣西）東六十里
處，被金將完顏婁室擒獲，降封為海濱王，遼朝至此宣告
滅亡。

第四節　入主中原

中原在概念上，一般是指河南、陝西和山西南部的地
區——即是從周到北宋一系列大一統皇朝的政治核心。宣
和七年（1125）十月，距離完顏阿骨打立國只有短短十一
年，金國食髓知味，開始覷覦中原了。這一年，金朝第二
代皇帝、完顏阿骨打的四弟、金太宗完顏晟以宋朝收留叛
將張覺為由，派完顏宗望、完顏宗翰，分兵東西二路，夾
擊汴京。

金兵勢如破竹，東路軍宗顏宗望火速抵達汴京城下。可
是，汴京守將李綱誓死作戰，加上宋將种師道正率領號稱
百萬兵馬來援，所以完顏宗望果斷地與宋朝議和。金朝第
一次入主中原的計劃因此作罷。

靖康元年（1126）八月，完顏晟以「耶律余睹蠟丸」[88] 為由，再次南侵中原。這一次戰事十分順利，金國俘虜了宋朝徽欽二帝北歸，史稱靖康之難，北宋滅亡，中原易主。

政和五年（1115）正月，完顏阿骨打「即皇帝位」，金國建立；十一年後，金朝虜獲天祚帝；又一年後，金國破宋都汴京；翌年，金太宗下詔廢徽欽二帝，貶為庶人，北宋亡國。這是一個何其驚人的速度！

女真完顏部從部落聯盟到建立金國，用了幾十年時間，大約只是三代人的努力。然後，金國在歷史進程中飛快運行，從完顏阿骨打興兵反遼到南下汴梁，由崛起於荒涼無垠的「白山黑水」到佔據鍾靈毓秀的北宋首都汴京，金國只用了十二年時間。

第五節　餘論：完顏璟的《蝶戀花·聚骨扇》

本章題目「幾股湘江龍骨瘦」，出自金國第六代皇帝金章

---

88. 耶律余睹，原為遼朝大臣，後來引左右叛入金國。靖康元年（即金天會四年，1126年），原為遼臣的蕭仲恭出使宋朝，宋欽宗讓蕭仲恭帶蠟丸見耶律余睹，意圖策反其起兵，然而蕭仲恭表面答應，回金國後卻將蠟丸獻給完顏宗望，計劃宣告失敗，也成為了金出兵侵宋的理由。

宗完顏璟的一首小詞——《蝶戀花‧聚骨扇》：

> 幾股湘江龍骨瘦，
> 巧樣翻騰，疊作湘波皺。
> 金縷小鈿花草鬥，
> 翠條更結同心扣。
> 金殿珠簾閑永晝，
> 一握清風，暫喜懷中透。
> 忽聽傳宣頒急奏，
> 輕輕褪入香羅袖。

這是一篇「詠物詞」，而題詠對象是一把「聚骨扇」，也就是我們常見的「折疊扇」。詞牌為《蝶戀花》，原來是唐朝教坊的名曲，後成為五代以後文人常用的詞牌。此詞牌風格偏向婉約，在完顏璟以前，張先、晏殊、柳永和歐陽修等各式詞人都填寫過。

一個金國皇帝，竟然會填寫漢人小詞，而且還是偏向柔弱之風，這應該讓不少讀者感到很新奇吧！事實上，完顏璟向以雅好儒學見稱。他的文學成就更讓後世不少文學家欽佩，像著名的詞學家吳梅就說：「章宗穎悟，亦多題詠。聚骨扇詞，一時絕唱……雖為賦物，而雅煉不苟，自來

宸翰，率多俚鄙，似此寡矣。」據《金史‧章宗本紀》贊曰：「章宗在位二十年，承世宗治平日久，宇內小康，乃正禮樂，修刑法，定官制，典章文物粲然成一代治規。」在完顏璟的帶動下，金國文風大振。而且在他的管治下，金國也步入小康之世。

所謂盛極必衰，完顏璟死後，由於他的六個兒子都在幼年夭折，所以李元妃只好立其叔父衛紹王完顏永濟為帝。不說不知，《射鵰英雄傳》中的趙王完顏洪烈的原型完顏忒鄰就是完顏璟的第六個兒子。完顏永濟繼位時，蒙古部成吉思汗已統一大漠，建立了蒙古國。在這個新近崛起的強大外族環伺下，金國的衰亡似乎已是註定的事。

第六章
靖康恥，猶未雪：郭靖與楊康

> 丘處機微一沉吟，說道：「郭大哥的孩子就叫郭靖，楊二哥
> 的孩子叫楊康，不論男女，都可用這兩個名字。」郭嘯天
> 道：「好，道長的意思是叫他們不忘靖康之恥、要記得二帝
> 被虜之辱。」
>
> ——《射鵰英雄傳》

丘處機與郭嘯天、楊鐵心說這番說話時，正是慶元五年
（1199）。[89] 這一年，距離靖康之難已有七十二年，但人們
還沒有忘記當日的恥辱，提及金人時，還是咬牙切齒。

第一節　《海上之盟》

宋自立國開始，二十多年來，跟遼的關係如水火一般，互
不相容。至景德元年（1005）十二月宋遼簽訂和約，史稱
《澶淵之盟》。按照和約，遼宋約為兄弟之國，宋每年送
給遼歲幣銀十萬兩、絹二十萬匹，並以白溝河為邊界。自

---

89. 《射鵰英雄傳》中，張十五跟郭楊二人說：「光宗傳到當今天子慶元皇帝手
　　裏，他在臨安已坐了五年龍廷，用的是這位韓侂冑韓宰相。」

此，宋遼結束了長達二十五年的戰爭，開始了兩國百年和平的歷史。

宋遼所謂和平，從來都只是「口和心不和」。政和元年（1111），遼人馬植（馬後來獲徽宗賜姓趙，更名為趙良嗣）在童貫之助下，向宋徽宗上書「聯金滅遼」之策。宋金經過多次的接觸，於宣和二年（1120），趙良嗣由登州（今山東半島一帶）往使，與金簽訂《海上之盟》（宋金之間的陸路被遼國阻隔，兩國要繞道渤海往來談判，故稱《海上之盟》）。

女真人形象，取自明人王昕、王思義編集的《三才圖會》。

據《三朝北盟會編》卷四記載，宋徽宗御筆親書，要求收回「燕京並所管州城」，並答應金國「將自來與契丹銀絹轉交」。[90] 其實，《海上之盟》只是另一樁以歲幣換和平的條約，不過是對象由遼換為金。而且，收回的土地也不過是燕雲十六州的一小部分，利益並不大風險又高。故此，宋朝並不是所有人都歡迎這條約。如太宰鄭居中就很反對這份條約，他指出「冒然毀約，恐招致天怒人怨」。宋朝君臣，一時之間也是拿不定主意。據《三朝北盟會編》卷五記載，宋徽宗在宣和三年（1121）金使來覆時，「深悔前舉，意欲罷結約」，可見這條約對宋來說，本大利少，實在犯不着冒險。

除宋人外，像高麗等外國，也不看好這一紙條約。《宋史·外國傳三》記載，高麗國王王楷知悉《海上之盟》後，即遣使奉勸宋朝不要輕舉妄動。他說：「遼兄弟之國，存之足為邊捍。女真狼虎耳，不可交也。」他指出宋遼有《澶淵之盟》羈絆，是為兄弟之國，有遼國處於宋金之間，正好充當屏障；反觀女真（金國）如同虎狼，絕不

---

90. 《三朝北盟會編》，南宋徐夢莘編，共二百五十卷，以編年體記載宋徽宗趙佶、宋欽宗趙桓、宋高宗趙構三朝史料，對靖康之難記述尤詳，一年又四月之事，竟有七十多卷。《四庫全書總目提要》指出：「其徵引皆全錄原文，無所去取，亦無所論斷……所記金人事蹟，往往傳聞失實，不盡可憑。」故此，我們使用時必須兼引其他史料，相互勘正，以免失之偏頗。

可以輕易相信。可惜的是，使者不及盟約快，高麗使者未
至，盟約已經簽訂了。[91]

高麗人形象，取自明人王昕、王思義編集的《三才圖會》。

91. 《宋史·外國傳三》記載：「宣和四年，俣卒。初，高麗俗兄終弟及，至是諸
弟爭立，其相李資深立俣子楷。來告哀，詔給事中路允迪、中書舍人傅墨卿
奠慰。俣之在位也，求醫於朝，詔使二醫往，留二年而歸，楷語之曰：「聞朝
廷將用兵伐遼。遼兄弟之國，存之足為邊捍。女真狼虎耳，不可交也。業已
然，願二醫歸報天子，宜早為備。」歸奏其言，已無及矣。」

而欽宗即位，更有朝臣懷疑高麗人的居心。《宋史·外國傳三》：「欽宗立，
賀使至明州，御史胡舜陟言：『高麗靡敝國家五十年，政和以來，人使歲至，
淮、浙之間苦之。彼昔臣事契丹，今必事金國，安知不窺我虛實以報，宜止
勿使來。』乃詔留館於明而納其贄幣。明年始歸國。」

事情發展一如高麗國王所料，金國不久之後便迅速成為宋
朝的夢魘。

第二節　聯金滅遼

宋金聯兵滅遼的盟約終究締結了，宋朝依約出兵燕雲。此
時，遼國在金國的步步進逼下，已經奄奄一息，趙宋上下
也以為收復燕雲，指日可待。於是，宋徽宗士氣高昂地
派出數十萬大軍，兩次攻打遼國南京幽州（今北京）。可
是，事不如人意，又或者宋軍根本就是外強中乾。

《三朝北盟會編》卷五記載，宣和四年（1122）三月某日，
代州奏得金人邊牒，內容是：「近白水泊擊散契丹放鵝行
帳，天祚皇帝脫身北走，本國軍馬已到山後。」[92] 可見遼
國給金國滅亡只是時間的問題。

宋朝眼前的遼國正是百年未見之弱，憋了多年的趙宋君
臣，自然是磨拳擦掌，大有「追打落水狗」的心態。於
是，宋徽宗「命童貫為河北、河東路宣撫使，屯兵於邊以

92.　《宋史‧徽宗本紀》記載：「（宣和四年）三月……丙子，遼人立燕王淳為帝。
　　　金人來約夾攻。」

應之，且招諭幽、燕」（《宋史・徽宗本紀》）。[93]

說到童貫，相信大家都不會陌生。他就是引薦遼人馬植的那個宦官，也是《水滸傳》裏面的那個樞密使。在小說中，他帶領八十萬大軍攻打梁山泊，卻中了「好漢」們的十面埋伏，被殺得隻身逃回汴京。歷史上的童貫善於媚上，因助蔡京為相，所以獲蔡京之回報，得以領樞密院

---

93. 《三朝北盟會編》卷五收錄了這份詔書：「朕惟皇天，盡付中國，使宅九有之師，取亂侮亡，拓其疆土，景命所僕，惟有德者，能克饗之。朕服紹丕基，仰承先帝休德，夙夜祗懼，不敢荒寧，荷天降康，登茲極治，聲教所暨，遠逮要荒，東踰朝鮮，西邁積石，南越牂柯之境，罔敢不廷，乃省幽燕，實惟故壤，五季不造，陷於北戎，惟爾邦君，暨厥臣庶，懷廬慕義，思欲來歸，忠憤之誠，以而彌著，今上帝膺降禍於虜，穢德腥聞，弛絕綱維，倣為暴亂，橫賦強斂，誅求無厭，讒慝作仇，脅權相滅，至上凌下替，妖孽並興，傾國喪家，自取通竄，白水之敗，亟聞篡攘，調賦益繁，人不堪命，且復盜賊蜂起，所至繹騷，哀此下民，恫怨無告。朕誕膺駿命，俯順人心，選將出師，復茲境土，是謂致天之罰，仁伐不仁，拯爾羣黎，取諸塗炭，已遣領樞密院事童貫，董兵百萬，收復幽燕地，與大金國計議，畫定封疆，大信不渝，中舉外應，維天之命，莫我敢承，王師霆擊雷驅，數路並進，前角後犄，萬旅一心，威以濟德，孰敢有遏厥志！念念王師無戰，而天道好生，喜茲告猷，迪爾有眾，爾其深計遠慮，覽於興亡，如能舉城自歸，望風響應，使市不易肆，士不授旌，捨覆巢之危，從蓻枕之逸，是為自求多福，惟天矜爾萬民，永奠一方。惟朕以懌，已降處分，秦晉國王如納土來朝，待以殊禮，世享王爵。應收復州縣城寨，文武長官，並依舊職任，事平第功，不次擢用。軍兵守戍之士，並加優賞，願在軍者，厚與存錄，願歸農者，給復三年。收復之後，蕃漢一等待遇，民戶除二稅外，應該差徭科率無名之賦，一切除放。大軍所至，務在安集，官吏百姓，不得恣有殺傷，或災毀廬舍，攘掠人畜，犯者並行軍令。如或昧於順逆，干我王誅，若猶豫懷疑，弗克果斷，自膏原野，實爾自貽。惟予肅將天威，敢有逸罰，時弗可失，其尚勉哉！禍福無門，惟爾自召，朕言不再，師聽惟明，故茲詔示，想宜知悉。」

事，掌控宋朝軍事大權二十年。當時童貫「名滿天下」，百姓將他與蔡京、王黼、梁師成、朱勔、李彥五人並列，號為「六賊」，[94] 惡名昭彰。

當童貫準備建一番豐功偉業的時候，上天卻狠狠地給了他一個警告——《三朝北盟會編》卷七引《北征紀實》說：「是歲（宣和四年）夏四月十五日，童貫始以河北河東燕山諸路宣撫使出師，是日，白虹貫日，人人駭異，出門而牙旗竿折。」「白虹貫日」，即白色長虹貫穿太陽，古人認為這是主天下將有異動，是人主遇害的兆象，當年大刺客聶政刺殺韓傀時就出現過；[95]「牙旗竿折」就是主將牙旗折斷，主大軍出師不利。上天示警，軍心也隨之動搖，童貫只好虛應一下，過一個月再出師。到了五月十八日，再出師，這次上天沒有反應，但軍中卻有不祥之兆——二認旗遂皆失之，識者以為不祥」，[96] 將旗再次失去，又是不祥之徵，於是童貫只好再度延期出兵。

---

94. 《宋史‧忠義傳》記載：「（陳東）率其徒伏闕上書，論：『今日之事，蔡京壞亂於前，梁師成陰謀於後。李彥結怨於西北，朱勔結怨於東南，王黼、童貫又結怨於遼、金，創開邊隙。宜誅六賊，傳首四方，以謝天下。』」

95. 《戰國策‧魏策四》記載：「夫專諸之刺王僚也，彗星襲月；聶政之刺韓傀也，白虹貫日；要離之刺慶忌也，倉鷹擊於殿上。」

96. 《三朝北盟會編》卷七引《北征紀實》記載：「五月十八日，伯氏再出師，有少保、節度使、宣撫副使二認旗從于後，次日，為執旗兵逃去，而二認旗遂皆失之，識者以為不祥。」

天兆、人事都給了警告，但童貫還是一意孤行，於是上天
只好再次示意。五月數個晚上，都有大量流星出現，「光
如匹練，每夕自初夜，動數十流，至夜半方漸疎」。然
而，遠在禁宮之中的宋徽宗卻一無所知，因為「太史皆屏
不奏」，太史都不給皇帝知道。[97] 童貫瞞上欺下，北宋想不
覆亡亦難矣。

童貫利慾薰心，加上當時遼國的弱勢太過迷人，趙宋大軍
還是出兵雄州。上天有好生之德，衪也真的對大宋盡了義
了——雄州（今河北雄縣境）竟忽發地震！一而再，再而
三，諸般異象都出現了，趙宋還是一意孤行。結果顯而易
見——一連串的敗仗！「遼人擊敗前軍統制楊可世於蘭溝
甸」、「楊可世與遼將蕭乾戰於白溝，敗績」、「辛興宗敗
於范村」，最後，連名震天下的「老种經略相公」种師道
也只好「退保雄州，遼人追擊至城下」。[98] 到了這個時候，

97.　《三朝北盟會編》卷七引《北征紀實》記載：「又出師後，五月以戊寅、己卯、
　　　庚辰，連數夕，有大流星若盂椀，自紫微文昌闔出不一，或犯天津、河鼓
　　　等，越天漢、牛女閒亦不一所，皆南向而奔曳，光如匹練，每夕自初夜，動
　　　數十流，至夜半方漸疎，至是十餘夕，猶或南流不已，其占懼如西晉象實，
　　　令人憂疑，然太史皆屏不奏。」

98.　《宋史・徽宗本紀》記載：「童貫至雄州，令都統制种師道等分道進兵。癸
　　　未，遼人擊敗前軍統制楊可世於蘭溝甸。乙酉，封開府儀同三司、江夏郡王
　　　仲爰為嗣濮王。丙戌，慮囚。楊可世與遼將蕭乾戰於白溝，敗績。丁亥，辛
　　　興宗敗於範村。六月己丑，种師道退保雄州，遼人追擊至城下。帝聞兵敗，
　　　懼甚，遂詔班師。」

宋徽宗終於知道驚懼了，於是下詔班師回朝。

第三節　第一次汴京之圍

這一場聯金滅遼戰役終於以金大勝、宋大敗告終。由此，金國徹底地了解到北宋的無能（其實金軍也是當時戰力最強，因為西夏也曾出兵助遼，但還是無補於事），宋朝也徹底地明白自己除了「有錢」，甚麼都沒有了。於是，金國上下瀰漫着輕視宋朝的氣氛，而北宋也只是想以錢贖回燕京。

宣和五年（1123），在北宋答應歲幣以外，加付一百萬貫錢「代稅錢」，贖回燕京及所屬九州中的西部六州，然而這些城池早已給金國掏空了，人口也遷移了，餘下的只是「城市丘墟、狐狸穴處」，是殘破不堪的空城。

宣和六年（1124），剛即位的金太宗（金太祖於前一年病死）還是想遵守《海上之盟》。當時，西南、西北兩路都統完顏宗翰、完顏宗望反對，但金太宗回應說：「是違先帝之命也，其速與之。」（《金史‧太宗本紀》）

金國上下早已不放宋朝在眼內，出兵北宋已是朝夕之事，

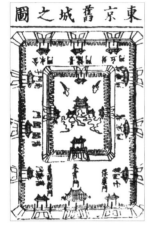

東京舊城之圖，東京就是北宋國都開封別稱，取自宋人陳元靚編的《事林廣記》。

欠缺的只是一個正當理由，而這個理由宋朝君臣也替金國準備好了。宣和五年（1123）十一月，原為遼國降將的臨海軍節度使、知平州張覺，叛金降宋，拜泰寧軍節度使。這正是違反了宋金盟約的其中一條——「無容匿逋逃，誘擾邊民」（《金史‧宗翰傳》）。

既然宋朝毀約，金國也不用擔心沒有理由。宣和七年（1125）十月，金國以張覺事件為理由，派完顏宗望、完顏宗翰，兵分東西兩路，夾擊汴京。

西路軍由完顏宗翰率領，自大同（今山西大同市）攻太

原（今山西太原市），連克朔州、代州、中山後，在太原受阻，未能到達汴京與東路軍形成合圍之勢。東路軍由完顏宗望率領，自平州（今河北秦皇島市盧龍縣）攻燕山府（今北京西南）。甫進兵，宋易州（今河北保定市易縣）守將韓民毅投降。完顏宗望於白河、古北口連敗宋軍，宋軍守將郭藥師投降。後又連破中山府、真定府之宋兵，並攻克信德府（今河北邢台）。金國東路軍勢如破竹，四個月內渡過黃河，抵達汴京（今河南開封市）。

早在宣和七年（1125）十二月己未，宋徽宗「下詔罪己」。十二月二十三日庚申，「詔內禪，皇太子即皇帝位」，趙桓走馬上任，是為宋欽宗。翌年，改元靖康。[99]

其後，完顏宗望迅速與宋議和。靖康元年（1126）二月，金人提出以康王趙構（後來的宋高宗）、太宰張邦昌（後來的金人所立的偽楚皇帝）為人質，割讓太原、中山、河間（今屬河北）三鎮予金。

事實上，議和並不是因為完顏宗望愛好和平，而是逼不得已。第一，金國西路軍受阻於太原，東路軍只有約七

---

99. 《宋史・徽宗本紀》。

萬兵馬，而汴京城內卻有約五十萬大軍（城內原有禁軍二十萬，臨時招募的青壯有十萬，陝西援軍二十萬），兵力過於懸殊。第二，宋軍名將种師道率軍來援，對外虛張聲勢，宣傳率領百萬西兵來救，這對於孤軍深入的完顏宗望帶來極大的心理壓力。第三，汴京城城高牆厚，規模極大。據史書載，汴京城有外城、內京和皇城三重，在政和六年（1116）時曾經擴建，周圍達五十里一百六十五步。而且外城，有十二門，又以汴渠、惠民、金水、廣濟四河貫通全城，另設水門九個。外城每百步設馬面、戰棚等防禦設施。完顏宗望當下也只好選擇乘勢議和，敲詐勒索一番就退兵。

或者讀者會問，城池堅固，兵力又有壓倒性優勢，宋軍為甚麼不出城破圍。從數據上，這似乎可行，但操作起來，卻是不可能的。第一，宋軍缺馬，步兵守城尚可，在野戰上，是絕不可能及得上騎兵。第二，金國騎兵守望在外，時機已失。宋軍步兵尚未結陣，就已經給金國騎兵衝散。還有一點很重要，五十萬大軍就需要五十萬人的口糧，如此龐大消耗，令宋朝上下也急於議和。

宋金暫時止息干戈。第一次汴京之圍宣告結束。

第四節　第二次汴京之圍

第一次汴京之圍，在李綱、种師道等力挽狂瀾之下，算是力保宋京。然而，北宋仍然是以主和派最為勢大。在他們心目中，胡人不過是想通過戰爭，攫取一些財帛而已；加上金人連北宋百年心腹之患遼國都可以擊敗，他們更加不敢相信宋能敗金。雖然主和派勢大，但主戰派仍然心有不甘，在金軍退兵時，出現了一個小插曲。

當時，种師道、李綱等主戰派力主派兵尾隨金軍，在他們半渡黃河之際截擊，試圖把金軍最精銳的東路軍撲殺於南岸，以絕後患。宋欽宗開始時是同意半渡而擊之計，可是，在吳敏、唐恪、耿南仲等主和派的唆使下，他又否決此案，並派人在黃河邊上樹立大旗，嚴令軍隊不得繞過大旗追趕金軍，否則一律處死。

种師道明白黃河是汴京第一道屏障，於是建議戍兵於黃河兩岸，以防金人秋天來襲（金人怕熱，一般秋天後才進軍）。守備黃河絕對是一道好建議。《三朝北盟會編》卷二十七引《南歸錄》指出，金人要六日才能渡河，連金軍將領都說：「一二千人守河，吾輩豈能渡哉？」宋欽宗一開始是同意的。不過，他既然是亡國之君，自然擁有亡國

之君應有的特質——優柔寡斷、朝令夕改。

不久，宋欽宗又被吳敏等主和派勸服，否決了這個戰略。他們的理由很簡單，因為擔心金軍不來的話，這筆軍費就是白花了。軍費不足，可以籌措；國家亡了，甚麼都不是了。這個時候，唐恪等人還以經濟理由遣送一部分西兵回西北復員。西兵是宋軍第一次汴京之圍的主力軍！結果，金軍第二次圍城時，汴京守軍只餘下不足七萬人。

完顏宗望在這次孤軍深入之戰中，算是撿回一命。六七萬軍隊，渡河深入宋境，原指望速戰速決，一舉擊破汴京，卻遭到宋軍頑強抵拒，隨時有滅頂

位於河南開封縣的女真進士題名碑，取自小田勝衛編纂：《東洋文化史大系：宋元時代》（東京：誠文堂新光社，1938）。

之災。加上回師之時，必須再渡黃河，可謂風險極高。靖康元年（1126）八月，金太宗完顏晟強以「耶律余睹蠟丸」

為由 [100]，再次派遣東西兩路軍隊南下侵宋。

西路軍照舊由完顏宗翰率領，靖康元年八月庚戌自大同府出兵，迅即破宋軍於文水（今在山西），十數日後攻克太原。東路軍也是由完顏宗望率領，完顏闍母、完顏昌、劉彥宗等大將俱在，兵力更添加至八萬人。東路軍以摧枯拉朽之勢破宋軍於雄州（今河北保定市雄縣）、中山（今河北定州），火速攻下新樂（今在河北），並大敗宋軍名將种師中（种師道之弟）於井陘，取天威軍（今河北井陘縣），克真定（今河北正定）。

東西兩路金軍以不足一個月時間，掃蕩了宋軍在黃河北岸的主力。完顏宗望和完顏宗翰汲取了第一次汴京之圍的經驗，決定稍事休息，整飭軍隊。

一個半月後，東西兩路大軍再度南下。

完顏宗望率東路軍自真定撲向汴京。他只用了二十多日，

---

100. 耶律余睹，原來遼國大臣，後來引左右叛入金國。靖康元年（即金天會四年，1126 年），原為遼臣的蕭仲恭出使宋朝，宋欽宗讓蕭仲恭帶蠟丸見耶律余睹，意圖策反其起兵，然而蕭仲恭表面答應，回金國後卻將蠟丸獻給完顏宗望，計劃宣告失敗，也成為了金侵宋的理由。

便順利攻下臨河（今河南浚縣東北臨河村南）、大名（今在河北）、德清軍（今河南清豐）、開德府（今河南濮陽）等，到達汴京城下。一直想「跑贏」完顏宗望的完顏宗翰，也不甘人後，只用了僅僅比完顏宗望多一日的時間，連克威勝軍（今山西沁縣）、隆德府（今山西長治）、西京（今河南洛陽）、永安軍（今河南偃師東）、澤州（今山西晉城市）等，成功到達汴京。

這一次金國東西兩路兵馬終於可以在汴京城下會師。第一次汴京之圍，因為缺少了西路軍，完顏宗望只能把東路軍集中攻打汴京城西北兩角；這一次，不僅多了西路軍，東路軍的兵力也有所增加，所以能把汴京城的四角都圍死。

在東西兩軍合共超過十五萬兵力之下，圍城之勢已成。反觀宋軍，在多次裁減兵力之後，只剩下不滿七萬兵力。本來，只要倚仗着汴京城的城防系統，七萬對十五萬並不算太吃虧，然而結果卻不是這樣。

完顏宗望和完顏宗翰汲取了第一次汴京之圍的失敗經驗後，明顯進步了不少。首先，雖然他們仍是「鬥快」搶到汴京，但這次更重視兩軍的步伐，所以沒有造成過早或過

遲到達，給予宋軍逐一擊破之機。其次，宋軍的主力是西兵，宗翰早已意識此點，所以派出五萬軍隊緊緊封鎖住潼關，一方面阻擋西兵來援，另一方面也截斷了宋朝皇帝西入川蜀之路。這時候，「關門打狗」之勢已成。至於北宋其他勤王軍隊，金軍並不放在眼內，因為他們都是倉促拉雜成軍。在金國虎狼之師的衝擊下，他們只能在汴京周圍駐紮，不能構成太大威脅。

不過，汴京城始終不是遼國五京、太原之流可比，金人就算祭上了全部十五萬兵力，想攻下汴京城也不是容易的事。故此，金國東西路兩軍並不想強攻汴京，他們只是想圍住，使汴梁城成為一種孤城。

在西兵不能東進、其他勤王軍隊不能指望的情況下，汴京城的君臣動搖了。他們似乎已認定金兵不可能擊敗，只有天降神兵才有一線生機。靖康元年（1126）十一月二十六日，殿前指揮使王宗濋薦拱聖副都頭郭京。這個郭京，本來只是無名小卒，但因為自稱會「六甲法」和「可以擲豆為兵，且能隱形」，只需要用「七千七百七十七」六甲正兵，就可以破敵。如此無稽之談，竟然得到諸大臣相信，

授予官職，並賜以金帛數萬。[101] 結果，不用分說，大家都知是失敗收場。所謂「國家將興，必有禎祥；國家將亡，必有妖孽」，郭京之流不過是說明了北宋君臣已無計可施，也預示了北宋的滅亡。

《三朝北盟會編》卷六十九記載：「靖康元年閏十一月二十五日丙辰 …… 郭京以兵出宣化門，敗績，金人登城，京師失守。」郭京隱隱然是趙宋君臣的最後希望，隨着他必然的失敗，汴梁城也宣告失守。靖康元年（1126）十二月一日，金人索要宋國降表。十二月二日，「駕在青城，奉表於金人」，宋徽宗、宋欽宗投降了。靖康二年（1127）二月丙寅日，金太宗下詔廢宋徽宗、宋欽宗二帝，貶為庶人，並當眾被脫下龍袍，極盡羞辱。五月庚寅朔，「康王即位於南京，遙上尊號曰孝慈淵聖皇帝」（《宋

---

101. 《三朝北盟會編》卷六十五記載：「郭京言可以擲豆為兵，且能隱形，今用六甲正兵，得七千七百七十七人，可以破敵，臨敵正兵不動，神兵為用，所向無前。殿帥王宗濋驕慢無識，聞而異之，薦京可以成大功，是時，唐恪為宰相，見京，面折之曰：「老兵兒戲！果能否？」京不能答，羣臣議論不一，數日，恪罷，用何㮚為宰相，與孫傅諸大臣亦幸其術之可用，乃以錢絹數萬，令京自招兵於市，旬日之閒數足，皆游手不逞之徒，京自副都頭授武畧大夫、兗州刺史，統制六甲正兵，屯於天清寺，以「六甲正兵」標於大旗。有薄堅者，能桿棒，在街市作場，京取以為教頭，京城居人不論貴賤老幼，無不喜躍，皆以天降神人，佑助滅寇，惟有識者哂之，為之寒心。又有還俗僧傅政臨者，謂之「傅先生」，獻策畧，自言能退敵，願得募勝兵，朝廷從之，賣藥劉宋傑，及商賈、技術，言兵機、退敵、募兵，而身為其將者眾。」

史‧欽宗本紀》），是為宋高宗。

第五節　靖康恥，猶未雪

> 郭嘯天道：「靖康年間徽欽二帝被金兵擄去這件大恥，我們
> 聽得多了。天神天將甚麼的，倒也聽見過的，只道是說說笑
> 話，豈難道真有此事？」
>
> ——《射鵰英雄傳》

在《射鵰英雄傳》中，郭嘯天說的「天神天將」，固然真
有其事，指的就是郭京等推舉怪力亂神之流；而「徽欽二
帝被金兵擄去這件大恥」，也屬真有其事。金人在破城之
後，索要了大量文籍輿圖、寶器法物，[102] 並俘虜了皇帝的
后妃等三千餘人、男女宗室四千餘、貴戚五千餘人、各類
工匠三千餘人、教坊三千餘人、民間美女三千人，以及大
臣、宗室家屬數千人。在起程前，金人殺一些、放一些，
實際人數餘下一萬四千人左右，共分七組押往金國。[103]

---

102. 《宋史‧欽宗本紀》記載：「夏四月庚申朔，大風吹石折木。金人以帝及皇
后、皇太子北歸。凡法駕、鹵簿，皇后以下車輅、鹵簿，冠服、禮器、法
物，大樂、教坊樂器，祭器、八寶、九鼎、圭璧，渾天儀、銅人、刻漏，古
器、景靈宮供器，太清樓秘閣三館書、天下州府圖及官吏、內人、內侍、技
藝、工匠、娼優，府庫蓄積，為之一空。」

103. 張帆、劉文生、張泰湘：〈宋朝徽、欽二帝北遷行踪研究——「靖康之難」系
列研究之一〉，《北方文物》，2001 年第 1 月（總第 65 期），頁 71-80。

要評論靖康之恥，並不容易，這裏就借《射鵰英雄傳》中張十五的說法，做一個結語：

> 張十五道：「我中國百姓，比女真人多上一百倍也還不止。只要朝廷肯用忠臣良將，咱們一百個打他一個，金兵如何能夠抵擋？我大宋北方這半壁江山，是當年徽宗、欽宗、高宗他父子三人奉送給金人的。這三個皇帝任用奸臣，欺壓百姓，把出力抵抗金兵的大將罷免的罷免，殺頭的殺頭。花花江山，雙手送將過去，金人卻之不恭，也只得收了。」
>
> ——《射鵰英雄傳》

第七章
萬里欲行沙漠外 [104]：長春真人丘處機

> 話未說完，只聽得樓梯格格作響，似是一頭龐然巨獸走上樓來，聽聲音若非巨象，便是數百斤的一頭大水牛。樓下掌櫃與眾酒保一疊連聲的驚叫起來：「喂，這笨傢伙不能拿上去！」「樓板要給你壓穿啦。快，快，攔住他，叫他下來！」但格格之聲更加響了，只聽喀喇一聲，斷了一根梯板。接著又聽得喀喀兩聲巨響，樓梯又斷了兩級。
>
> 完顏洪烈眼前一花，只見一個道人手中托了一口極大的銅缸，邁步走上樓來，定睛看時，只嚇得心中突突亂跳，原來這道人正是長春子丘處機。
>
> ——《射鵰英雄傳》

丘處機在醉仙樓出場這一幕可謂技驚四座。一個瘦弱道人，手托着四百來斤的銅缸，連樓梯也受不了這重量，斷了兩級，但他手裏「卻不見如何吃力」。如此膂力、如此氣魄，一時刻把在場的江南七怪都鎮懾住。

按小說的設定，丘處機還有六個師兄弟，分別是馬鈺、譚

---

104. 擷自丘處機詩作《答宣撫王巨川》。

處端、劉處玄、王處一、郝大通和孫不二，合稱「全真七
子」。聽落真的很像武林小說的常規設定，像「五散人」、
「桃谷六仙」等，但原來他們在歷史上都是真有其人。

第一節　長春子丘處機

《元史．釋老列傳》有一段專記丘處機的生平，篇幅雖然
不長，但意義卻不凡──「全真七子」之中，唯有長春子
丘處機一人在《元史》中有專論，可見其人於歷史上之重
要性。而事實上，在丘處機龍門派一脈的帶動下，全真派
在元代攀上了高峰。

丘處機，字通密，自號長春子，於紹興十八年（1148）出
生於山東登州棲霞（今山東棲霞市）。他自小就父母雙
亡，由親戚撫養成人。十九歲，在寧海昆崙山（今山東牟
平東南）出家。後來，他知道王重陽[105]創立了全真道，全
真教開宗祖師王重陽的《孫公問三教》詩歌謂：「儒門釋
戶道相通，三教從來一祖風。」這一語道出了全真道的要

---

105. 全真教開宗祖師王重陽的《孫公問三教》詩歌謂：「儒門釋戶道相通，三教從
　　來一祖風」，一語道出全真道的要義，展示全真道對儒釋道同源的看法。全真
　　道是道教兩大宗派之一，尊崇東華帝君、正陽帝君、純陽帝君與海蟾帝君，
　　由金代王重陽創派立教，北七真發揚光大。重陽祖師主張「三教平等」，認為
　　三教本來就是道理相通。

義，展示全真道對儒釋道同源的看法。

全真道是道教兩大宗派之一，尊崇東華帝君、正陽帝君、純陽帝君與海蟾帝君，由金代王重陽創派立教，北七真發揚光大。重陽祖師主張「三教平等」，認為三教本來就是道理相通。

於是，他便前赴拜其為師。丘處機和馬鈺、譚處端、王處一等在崑崙山、登州等地修行了兩年，並建立了道教組織。

馬鈺形象，取自明人王昕、王思義編集的《三才圖會》。

乾道五年（1169），王重陽在赴汴京路上病逝，享年五十八歲。丘處機等四位弟子把王重陽遺體移葬其家鄉陝西終南縣劉蔣村，並為他守喪至淳熙元年（1174）。

嗣後，全真道弟子分頭傳教，光大宗門。丘處機決意往更西處傳法，最後來到磻溪（今陝西寶雞縣境內）隱居，一共十二年，人們也因稱其為「蓑衣先生」。

淳熙七年（1180），丘處機時年三十二歲，遷居龍門山（今陝西隴縣西北）傳法，創立全真教龍門派。同一時間，譚處端、王處一繼馬鈺之後，先後執掌全真教。在王處一的帶領下，全真教幾乎成為了金國上下都篤信的道教教派。淳熙十四年（1187），即金大定二十七年，王處一獲金世宗邀請至中都傳授長生之術，以及負責一些國家齋醮儀式。而在金朝的支持下，全真教成為北方最顯赫的道教教派，在各地都建有道觀。

淳熙十三年（1186），時年三十八歲的丘處機從龍門山移居終南山王重陽故里。兩年後，金世宗邀請他到中都大興府（今北京西城至豐台一帶）主持萬春節大醮。稍住數月後，他返回終南山繼續修道。

紹熙二年（1191），丘處機從終南山東返棲霞，於太處觀修行，一住就是二十七年。

終南山圖，取自明人王昕、王思義編集的《三才圖會》。

嘉定十一年（1218），丘處機從棲霞太處觀轉到萊州昊天觀（今山東掖縣）。而在前一年，王處一去世，丘處機成為了全真教教主。而在這年的前後，金國和南宋都曾先後邀請他前赴講道，然而都給他一一拒絕了。[106]

第二節　徵召

就在丘處機執掌全真教之時，蒙古皇帝成吉思汗從劉仲祿、耶律楚材口中認識了丘處機，知道他長於養生延壽之道。[107] 為隆重其事，成吉思汗特意派遣侍臣劉仲祿帶着書有「如朕親行，便宜行事」八字的「虎頭金牌」（虎頭紋飾的金牌，代表了其身份和權力），連同二十多個蒙古人一同傳旨敦請丘處機。

成吉思汗聖旨的牌札，取自小田勝衛編纂：《東洋文化史大系：宋元時代》（東京：誠文堂新光社，1938）。

---

106. 除《長春真人西遊記》有此記載外，《元史‧釋老列傳》亦記曰：「金、宋之季，俱遣使來召（丘處機），不赴。」

107. 劉仲祿，即劉溫。因製作鳴鏑、奉獻醫藥而被成吉思汗所賞識。他對成吉思汗説丘處機已經三百多歲，有保養長生之述。遂使成吉思汗作出了召請丘處機的決定。詳見（元）李志常著，黨寶海譯註：《長春真人西遊記》（石家莊：河北人民出版社，2001），頁 7。

見到這場面的時候，丘處機還拿不定主意。事實上，在不久之前，他才拒絕了金國和南宋的邀請；[108] 對他來說，國君來邀並不是甚麼大不了的事。然而，這次他犯躊躇了。首先，如此高格調的邀請並不常見。而且，成吉思汗命令劉仲祿無論等多久，都一定要請到丘處機，可謂盛意拳拳。其次，從元境至昊天觀，路途遙遠。當時還是戰亂之時，各國攻伐不休，劉仲祿此行是十分危險的——據劉仲祿自己的說法，他五月在乃滿國的兀里朵得旨，六月才到達白登北威寧。在那裏他得到一個常姓道人的指引，七月到達了德興。可是，當時居庸關的道路受阻，於是又要等燕京派士兵來迎接。到了八月才抵達京城。在京城那裏，眾道人又說丘處機不在，可能在山東，所以他只好到山東碰碰運氣。古代不像現代，要在茫茫人海中找一個人，談何容易。劉仲祿「過中山、歷真定」，才收到風聲確認丘處機正在東萊。本來，劉仲祿打算派遣五千士兵來迎接丘處機，但是那時宋元才剛剛簽訂和議，民心好不容易安穩下來，實在不好提調兵馬入境。最後，劉仲祿決定帶領二十人馬，冒着風險親自到觀中傳達成吉思汗的美意。

---

108. 當時，丘處機曾受到兩位皇帝徵召。一次是貞祐四年（1216），金宣宗之召；另一次是嘉定十二年（1218），南宋寧宗之召。而這次來自皇帝的徵召，都沒有成功邀約到丘處機。

光是看到這段意譯自《長春真人西遊記》的一小節，我們已能感受到劉仲祿此行之不容易。另外，我們今日仍能從《成吉思皇帝賜丘神仙手詔碣》（現存於內鄉縣石堂山普濟宮）的碑文，感受當日璽書的誠意——「知先生猶隱山東舊境，朕心仰懷無已。先生豈不聞渭水同車、茅廬三顧之事，奈何山川防闊，有失躬迎之禮。朕但遲位側身，齋戒沐浴，選差近侍官劉仲祿，備輕騎素車，不遠千里謹邀」。[109] 如此誠意，實屬罕見。既然無可推辭，丘處機大方地答允了成吉思汗，告訴他們在完成上元節大醮之後，派十五個人來接他赴約。

---

109. 《成吉思皇帝賜丘神仙手詔碣》碑高兩米，寬零點六三米，碑文行楷，全文共四百零六字。碑文如下：

天厭中原驕華太極之性，朕居北野嗜慾莫生之情，反樸還淳，去奢從儉。每一衣一食，與牛豎馬圉共弊同餐。視民如赤子，養士若兄弟，謀素和，恩素畜。練萬眾以身人之先，臨百陣無念我之後。七載之中成大業，六合之內為一統。非朕之行有德，蓋金之政無恆，是以受天之佑，獲承至尊。南連蠻宋，北接回紇，東夏西夷，悉稱臣佐。念我單于國千載百世以來未之有也。然而任大守重，治平猶懼有缺。且夫刳舟剡楫，將欲濟江河也；聘賢選佐，將以安天下也。朕踐祚以來，勤心庶政，而三九之位未見其人。訪問丘師先生體真履規，博物洽聞……知先生猶隱山東舊境，朕心仰懷無已。先生豈不聞渭水同車、茅廬三顧之事，奈何山川防闊，有失躬迎之禮。朕但遲位側身，齋戒沐浴，選差近侍官劉仲祿，備輕騎素車，不遠千里謹邀。先生仙步，不以沙漠悠遠為念，或以憂民當世之務，或以恤朕保身之術。朕親侍仙座，欽惟先生將咳唾之餘，但授一言，斯可矣。今者，聊發朕之微意萬一，明於詔章。誠望先生既著大道之端，要善無不應，亦豈違眾生小願哉！故慈詔示，惟宜之悉。

御寶

五月初一

第三節　出發

常謂「人生七十古來稀」，年屆七十三歲的丘處機接受了成吉思汗的邀請，選定門下弟子十八人一同出發。[110]

途中，因為劉仲祿要安撫百姓，一度與丘處機師徒分別。[111]加上，路上治安不靖，所以整段旅程並不容易。幸好，後來劉仲祿徑取燕京，從關防官員手上領取兵甲，滌蕩途中治安，並開路築橋。終於，在二月二十二行至今日北京西郊盧溝橋一帶。燕京官民僧道知悉長春真人丘處機的到來，爭相到郊外迎接法駕。當日，燕京道士備齊儀仗，在前面吟經引路，直到丘處機下榻的玉虛觀方止。

安頓後，聽說成吉思汗已逐漸西行，其人已在今日中亞地區，足有千里之遙。丘處機於是以年事已高，又無政治才能為由，修書一封予成吉思汗，表達在燕京等候的意願。

---

110. 疑為《長春真人西遊記》筆誤。該書指：「師預選門弟子十有九人以俟其來」；但其內文只提及十八人的名字，分別是：趙道堅、宋道安、夏志誠、宋德方、孟志溫、何志堅、潘德沖、尹志平、王志明、于志可、鞠志圓、楊志靜、綦志清、張志素、孫志堅、鄭志修、張志遠、李志常。而且《玄門掌教大宗師真常真人道行碑銘》也明確提到隨行只有十八人。詳見（元）李志常著；黨寶海譯註：《長春真人西遊記》，頁 9-10。

111.《長春真人西遊記》記載：「聞之張林言：『正月七日，有騎四百軍于臨淄，青民大駭，宣使逆而止之，今未聞所在。』師尋過長山及鄒平。」

數月之後，成吉思汗回函，以「達摩西來傳法」，以及「老子西去化胡」的故事，勸請丘處機要不避千里，西來中亞相見。並且，更說明了自己只問道法，不問政治。這下，丘處機再也找不到理由推卻，所以只好答允在翌年春天就動身西行。用今日的概念，中亞與北京的直線距離是四千公里，中間又有山河阻隔，所以馬車行走的實際距離肯定遠不只此。然而，路途雖然艱鉅，但是丘處機還是咬緊牙關出發。他當日曾經賦詩一首表達內心想法：

> 十年兵火萬民愁，千萬中無一二留。去歲幸逢慈詔下，今春
> 須合冒寒遊。不辭嶺北三千里，仍念山東二百州。窮急漏誅
> 殘喘在，早教身命得消憂。
>
> ——〈復寄燕京道友〉[112]

這首詩收錄在《長春真人西遊記》的卷上，並未見於丘處機的詩詞集《長春子磻溪集》，後來亦收入了《元詩選》。這是丘處機在出發前贈給道友的詩歌，詩中表達了對「山東二百州」生靈的憐憫，並指出此行的最主要目的就是求百姓出「兵火」。如此情操，實在讓人欽佩！

112.《長春真人西遊記》存有這首詩，但沒有題目。這首詩是丘處機在收到成吉思汗召見的詔書，決定奉詔西行的時候寫作的。

丘處機一行人先是北出居庸關，行至呼倫湖，然後西行
穿越蒙古和新疆北部，最後抵達撒馬爾罕[113]（今烏茲別克
境內、撒馬爾罕州首府）。行行重行行，從嘉定十三年
（1220）初在山東出發，直到嘉定十四年底（1221）到達
撒馬爾罕，整整兩年的時間。可是，到達後不久，即當年
閏十二月底，偵騎返回，告知丘處機兩個重要訊息：一，
二太子已消滅了土匪，並修整好舟檝；二，成吉思汗駐蹕
在「大雪山之東南」（今阿富汗興都庫什山），但目前積雪
甚厚，請丘處機在此等。他派人告知丘處機，他快回到昆
都斯的大營（今阿富汗北部），請他等候一下。丘處機終
於在嘉定十五年（1222）四月五日，見到了成吉思汗了！

第四節　會面

成吉思汗一見面即問是否有「長生之藥」，而丘處機則坦
然地相告：「我只有養生之道而沒有長生之藥。」如此實
誠，實是出人意料，但是成吉思汗聽後，卻不以為忤，反
倒讚許他的真誠，後來更以「神仙」稱呼他。

113.「撒馬爾罕」一詞在粟特語中意為「石城」或「石要塞」、「石堡壘」；另根據
　　耶律楚材說：「尋思干者西人云肥也，以地土肥饒故名之。」撒馬爾罕是中亞
　　地區的歷史名城，也是伊斯蘭學術中心，是今日烏茲別克舊都兼第二大城市
　　撒馬爾罕州的首府。

其後，成吉思汗多次召見丘處機論道，有時還要是在「清夜」時份召見。[114] 丘處機「三說養生之道」，而成吉思汗覺得「甚入心」。

成吉思汗對丘處機恩寵有加，對之越發信任，而二人也無話不談。例如在同年十二月二十八日，丘處機便借「打雷」一事，乘機勸說成吉思汗要推廣孝道。再舉一例，在一次打獵中，丘處機借「獵豬」一事，勸說成吉思汗要明白上天之道是好生惡殺，要他減少殺生。[115] 凡此種種，都顯示了丘處機是要慢慢地在成吉思汗乃至於他的族人的心田上，種下了一顆「仁善」的種子。

第五節　東還

成吉思汗曾經諭示太子、諸王、大臣，說：「漢人尊重神仙，猶汝等敬天。我今愈信真天人也。」他公開明示丘處機在他心中就是「神仙」，並指令眾臣下需敬信「神仙」，

---

114. 《長春真人西遊記》記載：「十月九日清夜，再召師論道，上大悅。」
115. 《元史・釋老列傳》亦記載此事：「一日雷震，太祖以問，處機對曰：『雷，天威也。人罪莫大於不孝，不孝則不順乎天，故天威震動以警之。似聞境內不孝者多，陛下宜明天威，以導有眾。』太祖從之。歲癸未，太祖大獵於東山，馬踣，處機請曰：『天道好生，陛下春秋高，數敗獵，非宜。』太祖為罷獵者久之。」

猶如敬信「長生天」。所以，當丘處機要返回中原之前，他百般捨不得。雖然多次挽留，但仍不得要領。為表示對丘處機的最大尊重，同時也希望獲得「神仙」的祝福，成吉思汗頒下蠲免「差發」（賦稅徭役）的詔書，並命令阿里鮮、蒙古帶和喝剌八海「護師東還」。

半年後，成吉思汗又頒詔，命丘處機掌管天下所有出家人。而在返還北京途中，丘處機特命徒弟手持度牒，招收一些淪為「人奴」者入教，繼而復籍為良人，為數足有二三萬人。到了明朝宋濂等修《元史》的時候，中州人還仍然稱道這件事。[116]

第六節　與香港結緣

丘處機不畏路途遙遠，堅持西行傳道，不單使全真道成為天下道教一大宗，也庇護了當時不少黎民百姓，使之免為

---

116. 《元史・釋老列傳》記載：「時國兵踐蹂中原，河南、北尤甚，民罹俘戮，無所逃命。處機還燕，使其徒持牒招求於戰伐之餘，由是為人奴者得復為良，與瀕死而得更生者，毋慮二三萬人。中州人至今稱道之。」

「人奴」。寶慶元年（1225）六月「天大雷雨」，太液池[117]岸北之水湧入東湖，其原有的魚鱉盡去，池水也因此乾涸。當時，池口高岸崩塌，丘處機觀之，也慨嘆道：「山其摧乎，池其涸乎，吾將與之俱乎！」果然，不久之後，他就去世。據《元史·釋老列傳》載，他享年八十歲。[118]

之後，其徒尹志平等「世奉璽書襲掌其教」，至大年間（1308-1311）加賜金印。到了 1929 年，全真教龍門派道人何近愚偕同廣州三元宮住持麥星階及一眾道侶集資購得粉嶺雙魚洞山麓，創建蓬瀛仙館，自此全真教龍門一脈南傳至香港。據香港政府統計，本港道教信徒逾一百萬人，道堂宮觀超過三百個（《香港便覽·宗教與風俗》）。在 2014 年 12 月 3 日，「全真道堂科儀音樂」獲列入擴展項目名錄「傳統音樂」類別的「道教音樂」項目，正式為了香港的非物質文化遺產。到了 2017 年 8 月 14 日，更獲錄取入「香港非物質文化遺產代表作名錄」，與香港結下深厚的緣份。

---

117. 元代太液池是北海與中海的總稱，但估計《元史·釋老列傳》所指，並非此處。金中都太液池當位於現在北京廣安門外南街。此地在金朝時稱為「同樂園」，據文獻載。園內有瑤池、蓬瀛、柳莊、杏村等名勝，而太液池估計是「馬蹄」形狀。今日此池北半部已被填平。

118. 詳見《元史·釋老列傳》。

第八章
百戰沙場碎鐵衣 [119]：趙敏與特穆爾家族

> 碩人其頎，衣錦褧衣。齊侯之子，衛侯之妻，東宮之妹，邢
> 侯之姨，譚公維私。
> 手如柔荑，膚如凝脂，領如蝤蠐，齒如瓠犀，螓首蛾眉，巧
> 笑倩兮，美目盼兮。
>
> ——《詩經・衛風・碩人》

《詩經・衛風・碩人》記載了詩歌史上第一位因美貌而進
入文學世界的美人——齊國公主莊姜。莊姜擁有春荑般柔
嫩的雙手、凝脂般白潤的肌膚、蝤蠐般優美的領項、瓠子
般齊整的牙齒，以及細長的眼眉；她嫣然一笑動人心弦，
秋波一送勾人魂魄。自《詩經》問世起，「巧笑倩兮，美
目盼兮」成了天下美女最佳的形容詞。

要數金庸小説女角，筆者認為趙敏最堪配「巧笑倩兮，美
目盼兮」。趙敏聰明美麗，對張無忌愛無反顧，而且性格
亦剛亦柔、亦正亦邪，幾乎是天下男子心儀的對象。當
日，趙敏於柳林中，首以男裝出場，但在麗容之下，仍是

---

119. 擷自李白詩作《從軍行》。

給周顛看破其女兒身：「楊兄（楊逍），令愛本來也算是
個美女，可是和那位男裝打扮的小姐一比，相形之下，那
就比下去啦。」這句話，當然有一大半是周顛拿楊逍開玩
笑，但這也點出了趙敏之俊美，非比尋常。其後，在綠柳
山莊席上，趙敏酒過數巡，即「臉泛紅霞，微帶酒暈，榮
光更增麗色。自來美人，不是溫雅秀美，便是嬌豔姿媚，
這位趙小姐卻是十分美麗之中，更帶着三分英氣，三分
豪態，同時雍容華貴，自有一副端嚴之致，令人肅然起
敬，不敢逼視」，一種異於中原女子之美，在酒精的催逼
下，表露無遺。其後，張無忌在地牢之中，替趙敏穿上羅
襪時，「一手便握住她左足，剛才一心脫困，意無別念，
這時一碰到她溫膩柔軟的足踝，心中不禁一蕩」，而這一
蕩，也讓他與她情根深種，開啟了一段不容於世的漢胡
之戀。

趙敏，原名為敏敏特穆爾，是汝陽王察罕特穆爾之女，封
號紹敏郡主。敏敏特穆爾當然是《倚天屠龍記》虛構的角
色，但其父察罕特穆爾和其兄庫庫特穆爾（王保保）卻在
中國歷史上真有其人。

第一節　　汝陽王察罕特穆爾

察罕特穆爾（Chaqan-temür），漢語又譯作察罕帖木兒，
生年不詳（一作 1328 年），卒於至正二十二年（1362）。
據《元史・察罕帖木兒傳》記：「察罕帖木兒，字廷瑞，
系出北庭。曾祖闊闊台，元初隨大軍收河南。至祖乃蠻
臺、父阿魯溫，皆家河南，為潁州沈丘人。」由於《元史》
沒有明言察罕特穆爾祖屬何族，只說他「系出北庭」。「北
庭」，即是元代的別失八里（今新疆吉木薩爾），故此有學
者推測他是畏兀兒人。[120] 但是，又有認為他出自乃蠻部。[121]

畏兀兒，即是唐代所稱之回紇，後於貞元四年（788）改
稱回鶻。高昌回鶻王國原來是西遼屬國，但由於西遼對
它施以嚴重的政治壓逼和經濟剝削，所以在嘉定四年
（1211）正式倒向蒙古，成為蒙古屬國。而畏兀兒就是蒙
元時期的常用稱呼。

---

120. 「察罕帖木兒，畏兀兒人。」詳見韓儒林主編：《元朝史》下冊（北京：人民
　　　出版社，1986）頁 99。
121. 「察罕帖木兒，字廷瑞，乃蠻種人。」詳見屠寄：《蒙兀兒史記・察罕帖木兒》
　　　（上海：上海古籍出版社，1989），頁 771。

乃蠻，又譯作奈蠻、乃滿、乃曼等名字，是一個原居於古謙河之旁的部族。宋末至遼、金時，乃蠻族已遊牧於金山（今阿爾泰山）一帶。宋元之際，乃蠻曾臣屬於遼和金。嘉泰四年（1204），蒙古成吉思汗征討乃蠻部，太陽汗戰敗被俘。部眾後從太陽汗之子屈出律。屈出律曾篡奪西遼政權。嘉定十一年（1218），成吉思汗擒殺屈出律。此後，乃蠻部臣屬蒙古王國。

話說回來，雖然察罕特穆爾系出北庭，但其曾祖窩闊台作為軍士隨蒙古軍隊進佔河南，此後特穆爾家族世代就在河南潁州沈丘（今河南周口市沈丘縣）定居下來。於是，察罕特穆爾從小就學習漢文，其後更參與了進士科考試，意圖考取功名，報效國家。

第二節　元末各處起義，察罕特穆爾力挽狂瀾

至正十一年（1351）五月，韓山童、劉福通在潁州起義，掀開了反元序幕。幾個月間，韓劉的紅巾軍接連攻克潁州、息州、光州等多個州縣，一時間紅巾軍人數急漲至超過十萬。星星之火，可以燎原，隨着韓劉起義，北方的芝麻李、布王三、孟海馬和郭子興，南方的徐壽輝、彭瑩玉等都乘時而起。

「國家興亡，匹夫有責」，更何況是「慨然有當世之志」的
察罕特穆爾。

至正十二年（1352），察罕特穆爾在家鄉「奮義起兵」，
聚集了「沈丘之子弟從者數百人」（《元史・察罕帖木兒
傳》），與李恩齊合力攻下紅巾軍的羅山（今河南信陽市
羅山縣）。這一仗是察罕特穆爾初出茅廬的「第一功」，
成功引起了元朝的注意，並獲授中順大夫、汝寧府達魯花
赤。自此，他的名聲響徹河南，「所在義士俱將兵來會」，
一時間所領的軍隊由數百人驟增至萬人，自成一軍。

從「羅山第一功」後，察罕特穆爾連番攻陷紅巾軍的陣
地。至正十五年（1355）二月，劉福通在亳州擁立韓林兒

《史集》載錄的蒙古騎兵圖繪，取自小田勝衛編纂：《東洋文化史大系：宋元時代》（東京：誠文堂新光社，1938）。《史集》，又名《集史》，十四世紀初伊利汗國的拉施特奉伊利汗合贊和合兒班答之命，主持編撰的一部世界通史著作。

為「小明王」，國號大宋，建元「龍鳳」。龍鳳政權立國後，馬上起兵攻取嵩州、汝州、洛陽等地，如此勢頭，震驚了元朝。

察罕特穆爾聞訊，即領兵「轉戰而北」，進戍虎牢關，企圖以一己之力遏止龍鳳政權的兵勢。「龍鳳大軍」在察罕的遏制下，唯有北渡黃河，轉戰懷慶（今河南沁陽）。龍鳳兵鋒所至，「河北震動」。然而，察罕一無所懼，尾隨敵軍轉戰河北，在接連的勝仗下，最後徹底擊潰了龍鳳政權這支軍隊。朝廷有見其立下奇功，即除中書刑部侍郎，階中議大夫。

至正十六年（1356），察罕升中書兵部尚書，階嘉議大夫。後，再次擊敗紅巾軍，以功加中奉大夫、僉河北行樞密院事。

至正十七年（1357），紅巾軍再起，使「三輔震恐」（京兆、左馮翊、右扶風，轄境相當今陝西中部地區）。察罕應陝西省行台守官請救，率兵由河南入陝西，再敗紅巾軍。其後，劉福通三路並出，企圖包圍大都（今北京市）。正當劉福通等連下數城之際，察罕聞訊，即領兵馳援，並在鳳翔設計，派間諜誘使劉軍包圍。未幾，劉軍

果然中計，派大軍重重包圍鳳翔。按《元史》說，劉軍前後包圍了「數十重」。與民兵作戰，最忌找不到主力，徒耗資源，現在察罕以鳳翔為餌，引得劉軍主力聚集，這簡直是天賜良機。於是，察罕親率「鐵騎」，「晝夜馳二百里往赴」，分左右兩翼掩擊敵軍。此時，城中守軍聞訊，按約定「開門鼓噪而出，內外合擊」，一時間呼聲轟動天地，劉軍迅即大潰，「自相踐蹂」。察罕「斬首數萬級」，劉軍「伏尸百餘里，餘黨皆遁還」。關中亂事宣告全部平定。

其後，察罕特穆爾接續擊潰各路起義兵馬，而他的官階也隨之步步高陞。至正十八年（1358），他已官至陝西行省平章政事、兼同知河南樞密院事便宜行事，總管守御關、陝、晉、冀，鎮撫漢、沔、荊、襄等地軍政事宜。一連串幾十字的官名並不容易明白，簡單來說，察罕這時已不是一介布衣了，他已經是元末年間最大的軍閥了。

第三節　　最大的敵人往往藏於內部

翌年，察罕繼續狙擊韓林兒。在三個月艱苦的汴梁攻防戰後，龍鳳政權的主要根據地失陷了。戰場上的大逆轉，讓元朝舉國上下興奮不已，而察罕又再官升一級，官名我不

贅述了，總之這時候，他已完全掌控了關、陝、晉、冀一
帶，甚至連荊襄等地都幾乎是他的勢力範圍。如此勢頭，
當然會引起其他人不滿。在外部敵人稍稍遏抑時，元朝內
部的鬥爭也隨之開始。

元朝另一大軍閥孛羅帖木兒一直不滿察罕特穆爾的日漸坐
大，所以當察罕奪取晉冀之地時，孛羅決定出手爭奪。察
罕、孛羅兩軍接連交戰，就算朝廷多次出面調停，還是沒
有停息。而內部矛盾確實給予了反元義軍喘息的空間。

雖然內有孛羅帖木兒拖着後腿，卻沒有影響察罕對反元力
量的打擊力度。至正二十一年（1361），察罕發動大軍，
全面進攻山東紅巾軍。紅巾軍在群龍無首的情況下，很快
就被察罕擊潰，而部分紅巾軍將領也悄悄投降了。八月，
濟南地破，山東叛亂已全面給遏制了。察罕在眾望所歸之
下，以功晉升中書平章政事，知河南、山東行樞密院事，
成為一個真真正正身兼將相、權傾朝野的重臣了！

第四節　　將星殞落

在《倚天屠龍記》中，明教光明右使范遙曾經向張無忌評
價察罕特穆爾曰：「那汝陽王察罕特莫爾實有經國用兵的

大才，雖握兵權，朝政卻被奸相把持，加之當今皇帝昏庸
無道，弄得天下大亂，民心沸騰，全仗汝陽王東征西討，
擊潰義軍無數」。《明史・擴廓帖木兒傳》也這樣說：「至
正十二年，察罕起義兵，戰河南、北，擊賊關中、河東，
復汴梁，走劉福通，平山東，降田豐，滅賊幾盡。」「滅
賊幾盡」──如果沒有察罕特穆爾的力挽狂瀾，元朝可能
在早十年之前已經滅亡，范遙的評價並沒有過度，《明史》
也絕對中肯。然而，正當察罕勢頭旺盛之時，上天卻不想
再給「黃金家族」孛兒只斤氏時間了──至正二十二年
（1362）元月，察罕特穆爾在進攻益都孤城時，被紅巾軍
田豐和王士誠刺殺。

一個由布衣至將相、十二年長勝不敗的「神話」還是要落
幕了。察罕特穆爾雖然沒有救活孛兒只斤氏，但卻為這個
家族延壽一紀（歲星木星繞地球一周約需十二年，故古稱
十二年為一紀）。

第五節　「元代奇男子」王保保

> 一日，大會諸將，（朱元璋）問曰：「天下奇男子誰也？」皆
> 對曰：「常遇春將不過萬人，橫行無敵，真奇男子。」太祖
> 笑曰：「遇春雖人傑，吾得而臣之。吾不能臣王保保，其人

　　奇男子也。」

——《明史‧擴廓帖木兒傳》

常遇春，明太祖朱元璋麾下之虎將，以勇猛敢戰見稱，反元戰爭中可謂處處皆見其蹤影。《明史‧常遇春傳》記曰：「遇春沉鷙果敢，善撫士卒，摧鋒陷陣，未嘗敗北」。像常遇春這樣的猛將，朱元璋還不以為是「奇男子」，反而倒過來稱讚敵將王保保「其人奇男子也」，這真是可堪玩味。

當然，其中最大原因是王保保一直拒不肯臣服，朱元璋對他只能「遠而觀之」，所以少不免會神化了他的能力。然而，「奇男子」三字一出，就讓王保保在浩如煙海的史籍中脫穎而出了。

有一點必須注意，就是「奇男子」三字，可能只是朱元璋最廉價的招撫手段。翻查《明實錄》，明太祖曾經三次稱許他為「奇男子」。[122]

---

122. 一次是廖永忠：「廖永忠戰鄱陽時，奮勇忘軀，與敵舟相拒，朕親見之，可謂奇男子。」（《明太祖實錄》卷五十）另一次是薛顯：「今右丞薛顯，始自盱眙來歸，朕撫之厚而待之至，推腹心以任之。及其從朕征討，皆著奇跡。自後破慶陽，追王保保，戰賀宗哲，其勇略意氣迥出眾中，可謂奇男子也，朕甚嘉之。——《明實錄》卷五十九）

這些都是在《明實錄》文字紀錄的，而實際上可能有更多「奇男子」。[123]

（一）王保保是漢人？

在《倚天屠龍記》中，范遙曾經如此評價王保保：「庫庫特莫爾是汝陽王世子，將來是要襲王爵的⋯⋯這兩個孩子都生性好武，倒也學了一身好武功。兩人又愛作漢人打扮，說漢人的話，各自取了一個漢名，男的叫做王保保，女的便叫趙敏。」

王保保，即《明史》所記的擴廓帖木兒（Köke Temür）。據《明史・擴廓帖木兒傳》記載：「擴廓帖木兒，沈丘人。本王姓，小字保保，元平章察罕帖木兒甥也。察罕養為子，順帝賜名擴廓帖木兒。」這裏指王保保的本姓是

---

123. 其實，還有一次是比較間接的。劉仲德、朱彥德：「又與元臣劉仲德朱彥德二生書曰：『昔者，人臣致君以善，愛君有終，各有其道，道各有方，如趙宋事金，安享富貴百五十餘年。此無他，處之各得其道也。』朕觀二生，乃間氣所鍾，古今如二生者，僅數人耳。何也？至正之君，蒙塵而崩，幼主初立，朝之大臣無不叛去，獨二生竭力守護之，誠可嘉尚。今特遣使者諭以君數事，且令取其子買的里八刺歸二生，宜察之，毋教人絕父子之道。蓋求忠臣者，必于孝子之門也，毋教人以倔強。蓋小敵之堅，大敵之禽也。若能再三察朕之言，爾君之宗祀不絕，二生之家族，亦兒長保富貴。如其不然，中國無事，六軍出討，旌旗蔽塞，陣數百里，綿亙於陰山。二生若忠於君，身膏草野，美名垂於千載，亦奇男子事也。」（《明實錄》卷七十七）

「王」，這顯然是漢姓，莫非其中真有故事？

考查典籍，可以發現這說法的最早來源是《庚申外史》：
「已而，察罕死，有王保保者，察外甥也，嘗養為子……
朝廷又賜其名擴廓。」《庚申外史》是元末明初人權衡撰，
總共兩卷，記述了元順帝即位（元統元年，1333 年）至
元亡（至正二十八年，1368 年）三十六年間史事。據《庚
申外史》的說法，王保保是「本名」，而「擴廓」是後來
朝廷的賜名。由於「王保保」顯然是漢人名字，所以後世
就有人對王保保與漢族淵源有所猜想。

《庚申外史》以後，《國初群雄事略》、《明史》、《新元史》
等史書，都或多或少受了它的影響。然而，此說在上世紀
九十年代以後，就因在洛陽市出土了《賽因赤答忽墓誌》
而不攻自破。該墓誌如此記載：「公諱賽因赤答忽，系出
蒙古伯也台氏。其先從世祖皇帝平河南，因留光州固始
縣，遂定居焉……子三人，長擴廓鐵莫爾，生而敏悟，
才器異常。」賽因赤答忽的長子就是王保保，而這裏也清
楚指出了他「系出蒙古伯也台氏」，所以王保保肯定是蒙
古人，而非漢人。

那為甚麼他又會有個漢人名字呢？

這並不是甚麼奇事。當時，不少漢化了的蒙古人都有漢姓、漢名，譬如王保保的養父察罕特穆爾的漢姓就是「李」。

（二）走馬上任，繼承父志

至正二十二年（1362）元月，察罕特穆爾在進攻益都孤城時，被紅巾軍田豐和王士誠刺殺。元順帝在倉促之間，即在軍中拜王保保為太尉、中書平章政事、知樞密院事，如察罕官，總管其父察罕特穆爾的全部兵馬。從此，「奇男子」王保保正式登上歷史舞台。

王保保走馬上任後，第一件事，就是急攻益都（今山東青州市）。一來，他要報此殺父大仇；二來，他也急需要一份「大功」以鞏固他在軍中的地位。所謂「兵貴神速」，王保保並沒有沉淪在父喪之中。他稍加整頓，就突發大軍包圍益都。合圍之勢形成以後，王保保並不急着攻城，只是在等，等一個時機 —— 地穴打通。元軍從城外挖掘隧道，從地底通往城內。突然而至的元軍，把益都守軍殺個措手不及。堅固的益都城，不一會就給攻陷了。它的守將，也即是王保保的殺父仇人，田豐、王士誠都給捉了。《明史》說：「（王保保）執豐、士誠，剖其心以祭察罕。」

（三）亂，往往起於蕭牆內

王保保報了殺父大仇後，即派大將東取莒州，不費吹灰之力，「山東地悉定」。[124] 北方相繼平定後，王保保並沒有乘勝揮軍江南，趁勢消滅朱元璋等起義軍隊。因為這一刻，最急着要處理的，並不是外賊；反之，是元朝的內部矛盾。

孛羅帖木兒是王保保父子的長期政敵。察罕還在生的時候，孛羅帖木兒已經常抽他的後腿——不是爭功，就是搶奪地盤。然而，當時的蒙古皇帝元順帝卻始終偏袒孛羅帖木兒，無他，因為他是唯一可以制衡皇太子的人。

原來的皇太子、後來的北元昭宗，是元順帝和奇皇后的兒子。由於元順帝怠於政事，中書省、樞密院、御史台凡奏事先啟皇太子。[125] 慢慢地，皇太子不再想只當皇太子。可是，老皇帝元順帝還健在，於是皇太子便與奇皇后密謀，黨同伐異，想盡辦法要把權力收歸自己手中。可是，事不密則泄，元順帝識破了此事。皇太子也只好逃離京師，直

124.《明史・擴廓帖木兒傳》。
125.《元史・順帝本紀》。

奔太原,「欲用唐肅宗靈武故事,因而自立」[126],但是作為
「太子黨」的王保保卻不同意。

至正二十五年(1365),王保保終於在皇太子的多番催促
下,發兵討伐「皇帝黨」孛羅帖木兒。本來,孛羅帖木兒
與王保保素有私人恩怨,但王保保並沒有因私廢公。此
時,既然皇太子執意要打,王保保也再沒有理由再拒絕。
於是,王保保大軍抵達京師,元順帝逼於無奈之下,唯
有應皇太子和王保保的要求,殺死孛羅帖木兒。奇皇后知
悉此事,馬上傳旨予王保保要求「以重兵擁太子入城,欲
脅帝禪之位」,然而王保保還是拒不從命。王保保雖然是
「太子黨」,但在國家大義之前,他還是能放下個人利益。

王保保大軍壓迫京師,先得罪了元順帝;其後,又拒不從
奇皇后、皇太子之命,又得罪了她們二人。此時的王保保
正是「豬八戒照鏡」——裏外不是人。再加上王保保實在
太年輕了,雖然有莫大之軍功,但是他還是得不到朝中大
臣的信服。為求自保,也避免與朝中各股勢力發生衝突,
王保保主動要求離開京師,帶兵平亂。

126.《元史·察罕帖木兒傳》。

（四）胡運不過百年

至正二十七年（1367），元順帝下詔命皇太子「親出總
天下兵馬」，又命王保保帶領他的兵馬出潼關，「肅清江
淮」。[127] 除了王保保這一路大軍外，元順帝又命李思齊、
禿魯等領兵進取川蜀和襄樊。但是詔命下達後，皇太子卻
按兵不動。王保保見其中大有陰謀，所以拒不受命。本
來，王保保在軍中威望還不是很夠，如此一來，他的部
下就乘機作反了。

一時之間，王保保由英雄變成狗熊，原來的部下和本來的
敵人走在同一條線上，對他窮追猛打。他只好「引軍據太
原，盡殺朝廷所置官吏」。[128] 於是，元順帝「下詔盡削擴
廓官爵，令諸軍四面討之」。[129]

在元代亂起蕭牆之際，朱元璋並沒有停下手來。很快，朱
元璋的兵馬已打下了山東、收取了大梁。在梁王阿魯溫奉
河南以降、脫因帖木兒敗走後，元兵更無心戀戰，「皆望

---

127. 《元史・察罕帖木兒》。
128. 《明史・擴廓帖木兒》。
129. 《明史・擴廓帖木兒》。

風降遁，無一人抗者」。[130] 這邊廂朱元璋勢如破竹，那邊廂元軍的主力卻在圍剿王保保。而且，剿王的貊高、關保不但不能擊敗王保保，反被他擒殺。

元順帝看到王保保之強頑，不免膽怯了。再者，當今之世，能遏制朱元璋的只有察罕特穆爾義子王保保。因此，元順帝「下詔歸罪於太子，罷撫軍院，悉復擴廓官，令與思齊等分道南討」。[131] 可是，來回折騰了幾年，原來由察

元朝大都城壁遺址，取自小田勝衛編纂：《東洋文化史大系：宋元時代》（東京：誠文堂新光社，1938）。

130.《明史・擴廓帖木兒》。
131.《明史・擴廓帖木兒傳》。

罕特穆爾打下的優勢，都給元順帝父子消磨殆盡。這詔書
下達一個月後，朱元璋大軍已攻到京師大都，「奇男子」
王保保想伸出援手也來不了。未幾，大都就失陷了。此
時，距離察罕特穆爾之死，只有短短六年。

（五）義不食「明粟」

縱然元大都已失陷，但是王保保並沒有放棄，還死守着太
原。朱元朝派出名將湯和領兵攻打。這個湯和，一向是沉
敏多智見稱，十幾年來隨朱元璋南征北討，敗張士誠、破
方國珍、俘陳友定，是明軍名將。所以，湯和對王保保，
可謂是強強對壘。

湯和領兵自澤州（今山西晉城市）突襲太原。王保保知悉
後，馬上遣將抵禦。湯、王二軍於韓店（今山東鄒平市）
大戰。湯和不敵，王保保成功保住太原，成為明軍在肋部
的一根刺。

本來，垂死掙扎的元朝廷能夠保住太原已經不容易，更遑
論收復河山。但是，元順帝卻心有不甘，急命王保保糾集
主力，進攻大都。此時，元軍內部士氣已至低谷，人心渙
散，加上兵力有限，長城以南的據點也只剩下太原。王保

保離太原攻大都，其實是一個非常冒險的決定。

王保保受命北出雁門關，打算由保安（今河北涿鹿縣城）徑取居庸關直攻北平（大都）。明將徐達、常遇春等認為大都有城池堅固，而且有強將孫興祖據守，並不會輕易被攻下的。反過來說，太原城沒有了王保保，就很難保得住。因此，他們寧可放下大都，乘虛搗取太原。本來，太原兵力已少，根本不可能抵住明軍。而且，此舉無疑是擊保保不能不救之處。王保保得悉後，馬上回師太原。但是，這樣一來，就犯了兵家大忌——我師長途奔襲，敵師以逸待勞。

前面也說過，元軍已人心渙散。王保保帳下貔貅馬暗中投降明軍，並答應作為內應，助明軍夜劫王營。這一夜，王保保麾下諸營火光沖天，還在酣睡的元兵都驚惶逃跑，有的尚能勉力作戰，但在明軍的鐵蹄下，都給踐踏殆盡。王保保見大勢已去，唯有倉皇率座下十八騎北走。

朱元璋眼中的「奇男子」都給擊潰了，餘下的李思齊等更不足為懼。明軍乘勢西征，攻打寧夏。元軍降的降、死

的死，「元臣皆入於明」[132]，唯有王保保一人集結兵力於塞上，負隅頑抗。

（六）如鯁在喉，不吐不快

《明史》關於王保保的描述其實不少，但卻不足以說明他對於朱元璋的威脅。在朱元璋心中，王保保如骨鯁在喉，不吐不快。明代嘉靖時期成書的《皇明通紀》曾有這樣的記載：「高帝（朱元璋）謂天下一家，尚有三事未了。一，少傳國璽；二，王保保未擒；三，元太子無音問。」大家注意，這裏說明了一件事——原來王保保的重要性僅次於「傳國玉璽」，而且比元太子還重要！

「擁兵塞上」[133] 的王保保多次南侵明國境，朱元璋採取的基本策略是防禦，嚴守邊境。這一來，是因為王保保軍戰力非凡；二來，這也是漢農耕民族對付遊牧民族的最佳戰法。

事實上，朱元璋一直想招降王保保。

---

132. 《明史‧擴廓帖木兒》。
133. 《明史‧擴廓帖木兒》。

朱元璋派元降將李思齊到漠北招降王保保。王保保一路均以上賓之禮對待這說客，只是叛國之恨始終是王保保不能忘卻的。所以到了邊境後，王帳下騎士告訴李思齊：「（騎士）『主帥有命，請公留一物為別。』思齊曰：『吾遠來無所齎。』騎士曰：『願得公一臂。』思齊知不免，遂斷與之。還，未幾死。」[134] 兩軍對陣，不斬來使，這一向是敵我雙方不成文的約定，王保保依例遵循，但是昔日叛國去君之仇他卻不能不報，所以要叛徒李思齊留下一臂，以示元君之威德。王保保恩怨分明，無怪乎時為明帝的朱元璋都不敢稱許他為「奇男子」！

雖然多次招降都失敗，但朱元璋沒有放棄，而且更加敬重王保保。他後來竟然把王保保的妹妹納為二子秦王朱樉之妻。大家注意，這是王保保的妹妹。按《倚天屠龍記》的設定，這當是趙敏的原型！小說中，周芷若詰問拔速台時，拔速台想也不想就說：「紹敏郡主乃我蒙古第一美人，不，乃天下第一美人，文武全才」。

不過，事實往往是殘酷的。洪武四年（1402）九月，「冊故元太傅中書右丞相河南王保保女弟為秦王妃」。[135] 本

134.《明史‧擴廓帖木兒》。
135.《明實錄》卷六十八。

來，能夠嫁入皇族是莫大的光榮，但王家妹妹（她名為王
觀音奴）卻一如「趙敏」般桀驁不馴。王家妹妹極力反
抗，但在至高無上的皇權面前，這一切都是枉然。王家妹
妹最後為朱樉生下了三個兒子。

納王家妹妹為兒媳，不過是朱元璋籠絡王保保的計謀。所
以，當招降王保保不行後，王家妹妹也失去了她的功能。
洪武二十八年（1395），秦王朱樉病逝，朱元璋敕令王家
妹妹為兒子殉葬。就這樣，「趙敏」完成了她的歷史任
務，走完這一段聞名但不讓人羨慕的人生。

第六節　餘論：王保保之死

皇太子愛猷識理答臘（Ayurširidara）在元順帝駕崩後繼
承帝位，即北元朝廷的元昭宗。此時，元朝廷剩下的將領
並不多，而能與明軍分庭抗禮的，唯有王保保。在共同敵
人之前，弱小的一方通常會抱團取暖。元昭宗也不例外，
選擇了與王保保和好。他任命王保保為中書右丞相，專司
復國之業。

事實證明了元昭宗的決定是正確的。洪武五年（1372），
十五萬明軍分三路征伐北元。面對着明軍的三路人馬，王

保保實在摸不清他們真正的進軍路線。因此，他決定誘敵深入，把真正的主力拉出來。明軍的窮追不捨使真正的主力部隊突現出來。抓到了主力，王保保當然不會輕易放過。他乘着明軍的人飢馬乏，或用伏兵、或用包圍，把西路軍馮勝以外的兩路都一一擊潰。

據《明史‧擴廓帖木兒傳》記載，「自是明兵希出塞矣」，意思是明軍自此就很少攻出塞外了。這也即說明了王保保打這場戰役為北元朝廷爭取了最大的存活空間。可惜天不假年，王保保從元昭宗遷徙到金山，「卒於哈剌那海之衙庭，其妻毛氏亦自縊死，蓋洪武八年也」。[136]

這裏有個小插曲，就是明朝史書與高麗史書上關於王保保之死，有不同的說法。

按《明太祖實錄》卷一百記載：「故元將王保保卒。先是保保自定西之敗走和林，愛猷識理達臘（北元元昭宗）復任以事。後從徙金山之北。至是，卒於哈剌那海之衙庭。」洪武八年（1375），王保保死於「哈剌那海之衙庭」。然而，根據《高麗史》載，王保保當年還健在，而

136.《明實錄》卷六十八。

且在朝廷上還據有重要地位。

根據《高麗史・辛禑》所記載，在洪武九年（1376 年，
即北元宣光六年）十月，高麗國曾收到王保保的一封國
書，內容主要是有關立辛禑為高麗國王之事，其中有一
句：「然令先君（即高麗國恭愍王）去世，今已二年」，
而高麗國恭愍王在洪武七年（1374）遇弒，兩年之後是洪
武九年，由此可以推論王保保在洪武九年仍然健在。

案：朝鮮王朝編撰的《高麗史》聲稱王禑不是高麗恭愍王
之子，而是其寵臣辛旽之子，稱為辛禑。故此，此書不寫
王禑，而稱辛禑。

第九章
一派江山千古秀 [137]：陳近南與天地會

吳六奇斟酒於碗，一口乾了，說道：「先生說得好痛快！」雙手一伸，嗤的一聲響，撕破了自己袍子衣襟，露出黑鬖鬖的胸膛，撥開胸毛，卻見肌膚上刺著八個小字：「天地父母，反清復明。」……

查伊璜道：「不知何謂丐幫，何謂天地會，倒要請教。」

吳六奇道：「先生請再喝一杯，待在下慢慢說來。」當下二人各飲了一杯……

那天地會是台灣國姓爺鄭大帥手下謀主陳永華陳先生所創，近年來在福建、浙江、廣東一帶，好生興旺……

查伊璜索然不明白天地會的來歷，但台灣國姓爺延平郡王鄭成功孤軍抗清，精忠英勇，天下無不知聞。這天地會既是他手下謀主陳永華所創，自然是同道中人，當下不住點頭。

吳六奇又道：「國姓爺昔年率領大軍，圍攻金陵，可惜寡不敵眾，退回台灣，但留在江浙閩三省不及退回的舊部官兵卻著實不少。陳先生暗中聯絡老兄弟，組成了這個天地會，會裏的口號是『天地父母，反清復明』，那便是在下胸口所刺的八個字……我們天地會總舵主陳永華陳先生，又有一個名字叫作陳近南，那才著實響噹噹的英雄好漢，江湖上說起來

---

137. 擷自洪門對聯：「地鎮高崗，一派江山千古秀，門相大海，三河合水萬年流」。

> 無人不敬，有兩句話說的好：『平生不識陳近南，就稱英雄
> 也枉然。』在下尚未見過陳總舵主之面，算不了甚麼人物。」
> 查伊璜想像陳近南的英雄氣概，不禁神往。斟了兩杯酒，說
> 道：「來，咱們為陳總舵主乾一杯！」
>
> ——《鹿鼎記》

《鹿鼎記》是金庸先生封筆之作，倪匡認為「《鹿鼎記》
可以視為金庸創作的最高峰、最頂點」。[138]《鹿鼎記》的時
代背景是康熙年間（1662-1722），主角是虛構人物韋小
寶。在這部小說中，有一個很特別的組織，民間常聞，正
史少見，若真若假，那就是天地會。

在小說第一回，查伊琪與吳六奇論及天地會，指「天地會
是台灣國姓爺鄭大帥手下謀主陳永華所創」，並謂其會口
號是「天地父母，反清復明」。讀者或以為天地會和陳永
華都是虛構，但其實在歷史上真有其會，亦真有其人。

第一節　清朝秘密會社：天地會

> 蔡德忠道：「我們天地會，又稱為洪門，洪就是明太祖的年

號洪武。姓洪名金蘭，就是洪門兄弟的意思。我洪門尊萬雲
龍為始祖，那萬雲龍，就是國姓爺了。一來國姓爺真姓真
名，兄弟們不敢隨便亂叫；二來如果韃子的鷹爪們聽了諸多
不便，所以兄弟之間，稱國姓爺為萬雲龍。『萬』便是千千
萬萬人，『雲龍』是雲從龍。千千萬萬人保定大明天子，恢
復我錦繡江山。韋兄弟，這是本會的秘密，可不能跟會外的
朋友說起……」

——《鹿鼎記》

天地會是清朝民間的一個秘密會社，主要在長江以南一帶
流布。由於是官方不容的非法組織，所以它常常以不同的
名字出現，譬如三合會、三點會、雙刀會、小刀會、清水
會、匕首會等。有時它們自稱是天地會的分支，不過對內
一般統稱洪門。

（一）天地會名字來源

事實上，這些別稱的來源，大都有一定的依據。

據《天地會文獻錄》，天地會的入會儀式，有祭拜天地一
項目。[139] 乾隆年間（1736-1795），天地會要犯楊振國等供

---

139. 羅爾綱編：《天地會文獻錄》（正中書局，1943），頁9。

稱：「凡入會者，令其對天跪地立誓，因取名天地會，並
不寫帖立簿，只以舉指為號」（註：後來這儀式演變得極
為複雜 [140]）。[141] 而這儀式中，有一入會誓辭曰：「今夜拜天
為父，地為母，日為兄，月為姊妹，復拜五祖及始祖，萬
雲龍等，與夫洪家家存神靈」；又有〈八拜詩〉曰：「一拜
天為父、二拜地為母、三拜日為兄、四拜月為嫂、五拜五
聖賢、六拜萬雲龍、七拜眾兄弟、八拜萬年香」。這可能
是受到《水滸傳》「合異姓為一家，指天地作父母」思想
的影響。因為雖然生為異姓，但大家拜天地作父母，就可
以變異姓為同姓。[142]

所謂「洪門」，是取明太祖朱元璋年號「洪武」而成，表
示對明朝的懷念。據《近代秘密社會史料》[143] 引倫敦大英
博物館所藏抄本 Oriental 2339 載，天地會的聯語大多有
「洪」字，例如〈叁門對〉：「洪氣一點通達五湖四海，宗

---

140. 乾隆五十五年（1790），天地會要犯謝志答張標曰：「要排設香案，在神前宰
　　　雞獻血鑽刀，對天立誓：一人有難，大家幫助，如若負盟，刀下亡身。誓畢
　　　將誓章在神前焚化。會內相見，用左手伸三指朝天做暗號。」

141. 《宮中檔乾隆朝奏摺，乾隆五十二年正月初六日，閩浙總督常青奏摺》，第
　　　六十二輯（1987 年 6 月），頁 281。

142. 蕭一山：《近代秘密社會史料，天地會起源考》（台北：文海出版社，
　　　1972），頁 4。

143. 1932 年，《近代秘密社會史料》作者蕭一山赴歐考察，旅英期間，在倫敦不
　　　列顛博物院發現晚清粵年抄天地會文件多種，都是英國波爾夫人（Mrs Ball）
　　　在香港、廣州購買的書籍。

發萬枝到處叁合橫通。」〈四門對〉:「自世來降皆因敬賢納士,洪門興發在於禮義人和。」又有〈橋頭對〉(或作〈橋板聯〉):「黃河自有澄清日,洪兒豈無運轉時。」〈伯溫塔對〉:「元末興劉師法配,朱氏洪英再太平。」等[144]

而三合會一名,源於天地會始祖朱洪英等葬於三合河的傳說。[145]故洪門有對聯云:「地鎮高崗,一派江山千古秀,門相大海,三河合水萬年流。」至於三點會,則是因為天地會之首萬雲龍墓碑上有十六個以「水」旁的字。而小刀會、匕首會等,則是取其會眾身上或其會坊旁邊的小事物作為象徵而命名。

(二)天地會創立時間

目前,有關天地會創立時間的問題,學術界仍然沒有一個共識。最主要原因是其誓詞、祝文、歌訣、雜錄等文獻資料,因為秘密傳遞,而且輾轉傳抄,所以出現了不少衍文、脫文和異文,內容紛雜,或詳或短,又有不少個人臆測、想像之內容,所以難以判斷孰真孰假。很多時,甚至

144. 蕭一山:《近代秘密社會史料·史料》卷六,頁16。
145. 根據中山大學歷史系俞澄寰〈反清的秘密結社——天地會〉一文,三合會傳說中聚會的地方是在三合河,故號稱三合會。

會出現不同文獻中敍述之人物、事件互相牴牾。

其中一個說法是指天地會創於清初康熙年間。清末民初時，孫中山先生也公開說道：「洪門者，創設于明朝遺老，起于康熙時代。蓋康熙以前，明朝之忠臣烈士多欲力圖恢復，誓不臣清，捨生赴義，屢起屢蹶與虜拚命，然卒不救明朝之亡。迨至康熙之世，清勢已盛而明朝之忠烈亦死亡殆盡，二三遺老見大勢已去無可挽回，乃欲以民族主義之根苗流傳後代，故以反清復明之宗旨結為團體……此殆洪門創設之本意。」[146]

金庸在《鹿鼎記》也採納這說法。小說中吳六奇指陳近南「暗中聯絡老兄弟，組成了這個天地會」，大概就是源自這個說法。而在小說中，「洪門五祖」[147]之一的蔡德忠也這樣說：

> 本會的創始祖師，便是國姓爺，原姓鄭，大名上成下功。當
> 初國姓爺率領義師，進攻江南，圍困江寧，功敗垂成，在退

---

146. 蕭一山：《近代秘密社會史料》，頁3。
147. 「洪門五祖」，是指五個天地會的五位祖師。他們分別是：陝西同州府蒲城縣的蔡德忠、北直隸宣化府懷來縣的方大洪、北直隸順天府涿州的馬超興、山西平陽府絳州的胡德帝與李式開，五人在福建、廣東秘密開展反清復明活動，人稱「少林五祖」。

> 回台灣之前，接納總舵主的創議，設立了這個天地會。那時
> 咱們的總舵主，便是國姓爺的軍師。我和方兄弟、馬兄弟、
> 胡兄弟、李兄弟，以及青木堂的尹香主等等，都是國姓爺軍
> 中校尉士卒。

蔡德忠，陝西同州府蒲城縣；方兄弟，北直隸宣化府懷來
縣的方大洪；馬兄弟，北直隸順天府涿州的馬超興；胡兄
弟，山西平陽府絳州的胡德帝；李兄弟，山西平陽府絳州
的李式開；五人合稱「洪門五祖」，也即是天地會五位祖
師，負責在閩（福建）粵（廣東）一帶策動反清復明的
活動。

考此說的源流，大概與天地會一直世代相傳的「火燒南少
林」有關。

（三）少林僧征西魯番，不封反遭奸臣害

要了解天地會的起源，必須參考其僅有的文獻資料 —— 會
簿。會簿，是天地會會員收藏之天地會小冊子，內有該會
之起源、儀禮等資料。天地會會簿目前有八個版本，分別
是：（1）嘉慶十六年（1811）奏摺：姚大羔本、（2）道

光八年（1828）抄本：廣西田林縣抄本、[148]（3）咸豐年間
（1851-1861）：倫敦大英博物館藏《西魯序》和《西魯敍
事》、（4）咸豐年間：荷蘭人施列格在荷屬東印度群島（今
印尼）見天地會會簿、（5）同治三年（1864）收藏貴縣
修志局本《反清復明根苗第一》、[149]（6）光緒壬午（十八
年，1892年）年：洪順堂《錦囊傳》、[150]（7）晚清：日人
平山周《中國秘密社會史》中轉引之抄本、[151]（8）羅漢家
守先閣藏天地會文件。[152]

根據目前最早的會簿——嘉慶十六年五月初七日，「兵部
侍郎兼都察院右副都御史巡撫廣西等處地方提督軍務」成
林[153]的一份奏摺，題為《廣西巡撫成林為搜獲東蘭州天地

---

148. 1985年，廣西田林縣王熙遠在其舅父林縣浪平鄉江洞村毛拜陀楊再江家中發
　　　現。書中標明是道光八年（1828）抄本。
149. 1940年代，廣西貴縣修志局局長龔政在該縣西覃塘獲得。據稱，該本「是光
　　　緒二十四年廣西天地會首領李立廷在郁林起義，貴縣天地會響應，從甕內取
　　　出拜會的」、「上手是同治三年貴縣天地會首領黃鼎鳳犧牲後埋起來的。」根
　　　據羅爾綱判斷，該本大約是太平天國時期陳開佔據貴縣時遺留的。
150. 加拿門洪順堂抄本，由加拿大鹹水埠（維多利亞）生隆號發售。全書原
　　　有六百頁，該抄本僅存一百八十六頁，1975年由台北古亭書屋影印。
151. 又有一個版本，但與此同出一源：徐柯在《清稗類鈔‧會黨類》中所轉引之
　　　《會簿》，乃輯錄自日人平山周的《中國秘密社會史》。
152. 《守先閣天地會文件》，原是羅漢家「守先閣」藏品，乃羅漢表兄鄧錫朋蒐集。
　　　1936年發表於《廣州學報》第一卷第一期。
153. 成林，於嘉慶十五年（1810）十一月十三，由理藩院右侍郎調任廣西巡撫。
　　　嘉慶十九年（1814）二月二十四調任刑部右侍郎。

會成員姚大羔所藏《會薄》呈軍機處咨文》記載，[154] 當時
成林從天地會成員姚大羔身上搜出三角木戳、紅布三塊、
會簿一本，而會簿中詳述了天地會的創立緣起（下為白話
翻譯，原文請見註釋）：

> 崇禎十二年，李自成造成，崇禎皇帝自縊，他的妃子李氏逃
> 出宮外，誕下一子，留下明室的一支血脈。康熙年間，福建
> 莆田南少林寺中的僧人幫助朝廷平定西魯番之亂。得勝凱旋
> 後，反被誣謀反。朝廷派出八旗兵，火燒南少林，意圖斬草
> 除根。只有師徒六人成功逃脫，從此亡命天涯。這師徒六
> 人，為首的是師尊萬提喜，法號雲龍。即後來小說中蔡德忠
> 所奉之「萬雲龍」。六人走至長沙漢口，看到水上浮起一個
> 白石香爐，爐底刻著「興明絕清」四字。六人得此昭示，邀
> 得兄弟，湊成一百零八人。康熙甲寅年七月二十五日丑時，
> 眾人歃血為盟，拜萬雲龍為大哥，並借用明初洪武年號，指
> 洪為姓。九月初九，萬雲龍與清兵交戰，死於陣上。五祖即
> 保護李妃所生之小主洪英逃走。後來，眾人與清兵再戰，終
> 戰勝，並取回萬雲龍的屍首。其屍葬於高溪廟三層樓腳下，
> 糞箕湖子山午向。五祖回來，卻不見小主洪英。從此不知下

---

154. 中國人民大學清史研究所、中國第一歷史檔案館合編：《天地會》第一冊（北
　　京：中國人民大學出版社，1980），頁 4。

落，身無依靠。[155]

這本在天地會成員姚大羔身上搜出的會簿，詳細敍述天地會創立緣起，而在這段文字後面，還有小主洪英生五房（五虎大將）的故事，並有多副對聯、詩句、幾個「專用合體字」解釋、吉凶書信用之字號圖記，以及兄弟之間互相盤問的對答語句。另外，還有一些日常相處的手勢、動作，例如奉煙、奉茶等須有的禮儀與動作。

---

155. 會簿原文：

崇禎十二年，李自成造反被奪江山後，走出西官娘娘李神妃。起至伏華山，懷胎後走至雲南高溪廟，生下小主，蒙上天庇佑，又蒙萬家恩養。十六年六月初六日，開封府天水衝出有劉伯溫碑記。

康熙年間，有西魯番作亂。康熙主掛起榜文，誰人征得西魯番者，封得萬代公侯。甘肅省有一位（座）少林寺，內有總兵官掛起先鋒，受了帥印。印是鑄的，重二斤十三兩。印寫圓山二字為記。少林寺人等就領先鋒，就去征西魯番。不用一兵將，只得寺內一百二十八人，就與西魯番交戰對壘。西魯番敗走，死者不計其數。少林寺人等打得勝鼓回朝。康熙主賞，寺內不受官職，仍歸少林寺誦經、説法、修道。後來奸臣一時興兵追趕，慘極。一十八人，走越四年，走至海石連天，長沙漢口。海水面上浮起一個白石香爐，重有五十斤。香爐底有「興明絕清」四字。眾人就取一百（白）錠香爐，當天盟誓。正（止）剩師徒六人，師尊萬提起（即萬提喜），法號士日雲龍，與兄弟再集一百零七人。有一位小子，亦來起義，共湊成一百零八人。甲寅年七月廿五日丑時聚集，當天結義，指洪為姓，插（歃）血拜盟，結為洪家。眾兄弟拜萬師傳（傅）為大哥。至九月初九日，雲龍擇日與清兵交戰。雲龍陣上死去，少（小）軍報知五位兄弟，保駕小主。兄弟得知，即日出軍，與清對壘交戰。清兵敗走，後來兄弟將萬大哥屍首收回，向東燒化。萬大哥雲（魂）上九霄而去，屍首葬在高溪廟三層樓腳下，糞箕湖子山午向。五位兄弟回來，不見小主，不知下落，身無依靠。

至於會簿所述之「少林寺僧助朝廷平定西魯番之戰，後反遭奸人所害」的內容，情節十分簡單，文字也十分粗糙，其中錯別字也不少。仔細去看，更有點話本小說的味道。從清初至乾隆年間，並沒有一個外族或組織名曰「西魯番」，也沒有一場亂事與「西魯番」有關，[156] 所以這個故事極可能是天地會中人為了宣示其正統性，並鞏固會中「兄弟」對抗清廷的決心而編造的故事。而這個故事情節，也很大程度上與「羅教」（明清流行的民間宗教，是明中葉軍人羅清創立）羅祖的遭遇很類似。《清門考源・羅祖傳錄》記羅清協助嚴嵩平定土魯番叛亂，但反遭嚴嵩夫子暗算，幾乎死於天牢。後因解讀天書有功，所以獲釋。[157] 故此，這故事是虛構、仿作的可能性是極高。

會簿本來就像一些教派的「傳教工具」，但求像模像樣，又似是有史可尋就可以了。據嘉慶十九年（1814）天地會會員劉奎養的口供，劉是「粗識數字，不諳文義，書內所敍情節及對聯、詩句俱不能講解」。[158] 相信像劉奎養一般

---

156. 溫雄飛：「況當史學昌明之世，西魯於何地，何時入寇中國，史無明文，虛擬可知。」詳見溫雄飛：《南洋華僑通史》（上海：東方印書館，1929），頁108。又有一說法，指「西魯」是匿稱、避諱：清朝避諱「虜」，於是用「魯」字，故此推論「西魯」當為「西虜」，可能是指羅剎國、準噶爾等。

157. 陳國屏：《重訂加註清門考源》（上海：上海中和社，1939），頁41-45。

158. 嘉慶二十年（1815）七月二十七日浙江巡撫顏檢奏摺。詳見《宮中檔》。

「粗識數字，不諳文義」比比皆是，連會簿都看不明白，
更遑論判別其中真偽。

《大清律例‧刑律‧賊盜上之一》：「凡異姓人，但有歃血
定盟、焚表結拜弟兄者，照謀叛未行律。為首者，擬絞監
候；為從，減一等。若聚眾至二十人以上，為首者，擬絞
立決；為從者，發雲貴兩廣極邊煙瘴充軍。」也即是說，
行了入會儀式、加入了天地會的人，其實已經犯了當時的
律例，所以當時天地會會眾會互相包庇，誰都不想巢穴被
剿。而且由於入了會已是犯法，又無改過從新的機會，所
以天地會會眾對一些不法行為更無考慮，肆意進行。

第二節　天地會總舵主：陳近南

> 吳六奇：「『海內奇男子』，在下愧不敢當，只要查先生認我
> 是個朋友，姓吳的已快活不已了。我們天地會總舵主陳永華
> 陳先生，又有一個名字叫作陳近南，那才著實響噹噹的英雄
> 好漢，江湖上說起來無人不敬，有兩句話說的好：『平生不
> 識陳近南，就稱英雄也枉然。』在下尚未見過陳總舵主之
> 面，算不了甚麼人物。」
>
> 　　　　　　　　　　　　　　　　　——《鹿鼎記》

「平生不識陳近南，就稱英雄也枉然」是《鹿鼎記》中江湖上的「潮語」，幾乎人人都會。不單是吳六奇等會眾，連草莽英雄茅十八也念念不忘在嘴邊，可見陳近南之威名遠播。

用吳六奇的說法，陳近南就是「天地會總舵主陳永華」。這說法到底正不正確呢？目前，還沒有一個固定的答案，但可以肯定的是，至今有關天地會與陳近南的關係，可以簡單歸納為三個方向：（1）陳近南是天地會的組織者；（2）鄭成功是天地會創始者，而陳近南是輔佐者；（3）並無陳近南此人。而吳六奇的說法是接近第（2）個方向。

雖然不知道哪一個方向才是正確，但可以肯定的是「陳近南」這名字，在早期的天地會會簿中並沒有看到，直至《守先閣藏天地會文件》才開始提到。書中提到：「後來有位和尚陳近南，題（提）起明朝一事，兄弟尊他為先生」[159]，「和尚」這個形象跟《鹿鼎記》的風流儒雅大俠形象很不一樣吧？另外，同治三年（1864）收藏「貴縣修志局本」也有「陳近南」的紀錄：「後五祖拜他（朱洪英）為盟主，拜陳近南先生為軍師」；[160]「軍師」這形象就比較

---

159. 羅爾綱編：《天地會文獻錄》，頁42。

160. 羅爾綱編：《天地會文獻錄》，頁3。

像後來民眾心裏面的「陳近南」。

《守先閣藏天地會文件》的寫作日期不詳,「貴縣修志局本」大概是成於太平天國（1851-1864）時期,估計都不會早於「姚大羔本」。前期沒有紀錄,卻在中後期冒了出來,這不免使人懷疑其人之真偽。而按上述兩個版本的會簿去看,陳近南的形象較接近第（2）個方向。

不過,要留意的是「貴縣修志局本」曾經一度被學界認為是最早的天地會會簿。[161] 像主編《天地會文獻錄》的羅爾綱就曾經認定過在他看過的各本會簿中,以「貴縣修志局本」成書最早。「陳近南」就是在這版本中出現,並且以「軍師」形象出現,這或者就是第（2）個方向出現的其中一個重要因素。然而,羅爾綱的判斷並不正確,最重要的原因是他沒有看過清宮所藏的檔案文獻「姚大羔本」。

無論如何,可以肯定的是《鹿鼎記》中的陳近南是以明鄭政權的陳永華為原型。

---

161. 從用語遣詞看,《守先閣藏天地會文件》和「貴縣修志局本」應該是由操粵語的人士寫成,而且行文半文半白。這兩本內文夾雜「乜」、「咁」等粵語常用口語詞彙。《守先閣藏天地會文件》來源不明,而「貴縣修志局本」應該是太平天國時期陳開佔據貴縣時所遺留（羅爾綱的判斷）;太平天國會眾大多為粵西人,所以夾雜粵語用字是合理的。

第三節　「今之臥龍」：陳永華

陳永華，字復甫，福建同安（包括今廈門市、金門縣、龍海市部分地區）人。[162] 另一說法是指陳永華是福建省漳州府龍溪縣二十九都石美鄉（今漳州市角美鎮石美村）人，而他的父親陳鼎是同安縣教諭。

陳永華少有才華，甫「成童」（約十五歲）就通過考試補「弟子員」（縣學學生）。後，聞父親陳鼎以身殉國，陳永華即斷然決定放棄科舉，專心於「天下事」。適逢當時鄭成功在廈門開府，「謀恢復，延攬天下士」，兵部侍郎王忠孝即向他推薦陳永華。

鄭成功遂接見陳永華，與他談論天下大事，「終日不倦」，並且很高興地給予他一句傳頌古今的評語——「復甫（陳永華）今之臥龍也！」。「臥龍」，即是輔佐蜀漢力抗曹魏的諸葛亮。孔明先生一世盡忠劉備父子，「鞠躬盡瘁、死而後已」，是千古賢臣之典範。

陳永華旋即獲鄭成功授予「參軍」之職，「待以賓禮」。

162.　連橫：《台灣通史》（北京：商務印書館，2017），頁 564-565。

據《台灣通史‧陳永華傳》記述，陳永華為人沉厚靜穆、
淵渟嶽峙，平日本訥寡言，但一旦談及天下時局，他就好
像變成了另一個人──「慷慨雄談，悉中肯要」。處理事
情時，陳永華極有知人之明，既能定下計策，亦能果斷決
定，「不為群議所動」。像永曆十二年（1658），鄭成功
與諸將商議北伐的事，眾人都說不可時，只有陳永華獨排
眾議，力主北伐。

與人交往時，陳永華都能盡忠至誠。而擁有極高天賦的
他，不但不會怠惰，反而十分勤奮，事事親力親為。陳永
華日常都是「布衣疏飯」，並無因身居要職而崇尚席豐履厚。

能謀善斷、忠厚誠實、勤奮不怠、事必躬親、布衣疏飯，
無疑就是史書所載之諸葛亮。據《三國志‧諸葛亮傳》
記，職為丞相之諸葛亮，死後家無餘產，只有「成都有
桑八百株，薄田十五頃」，務必不使「內有餘帛，外有贏
財」。[163] 他留下的《誡子書》上有兩句：「非淡泊無以明
志，非寧靜無以致遠。」這無疑就是陳永華一生的寫照。

---

163. 《三國志‧諸葛亮傳》：「亮自表後主曰：『成都有桑八百株，薄田十五頃，子
弟衣食自有餘饒。至於臣在外任，無別調度，隨身衣食，悉仰於官，不別治
生，以長尺寸。若臣死之日，不使內有餘帛，外有贏財，以負陛下。』及卒，
如其所言。」

故鄭成功的考語「復甫今之臥龍也」並非虛言！

（一）輔助鄭經

鄭成功對陳永華有知遇之恩，故陳永華也對鄭氏一家盡心竭力。鄭成功北伐時，都會把陳永華留在思明，輔佐世子鄭經。鄭成功對陳永華，幾乎與劉備對諸葛亮無異——鄭成功曾經對鄭經說：「陳先生是當世名士，我特意把他留給你用，以幫助你管理國家。你要把他奉為老師，好好跟他學習。」[164] 這句話很熟悉吧？這一節跟《三國志·諸葛亮傳》的「白帝城託孤」如出一轍：

> 章武三年春，先主於永安病篤，召亮於成都，屬以後事，謂亮曰：「君才十倍曹丕，必能安國，終定大事。若嗣子可輔，輔之；如其不才，君可自取。」亮涕泣曰：「臣敢竭股肱之力，效忠貞之節，繼之以死！」先主又為詔勅後主曰：「汝與丞相從事，事之如父。」

同樣的信任、同樣的器重，不同的是一個是「事之如父」，一個是「其師事之」，後世以「鄭氏諸葛」稱許陳

164.（鄭成功）嘗語經曰：「陳先生當世名士，吾遺以佐汝，汝其師事之。」詳見連橫：《台灣通史》，頁 564-565。

永華,真不為過矣。

說回鄭經這一筆,陳永華真正大顯身手的時候,其實是在鄭經繼任後這一段時期,而他的功勞主要在於內政經營方面。

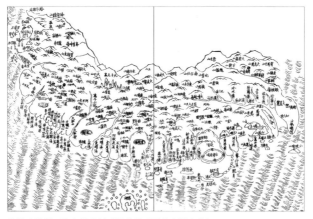

台灣府總圖,取自清人范咸等修的《重修台灣府志》。

南明永曆十六年(康熙元年,1662年),鄭成功終於從荷蘭人手中奪回台灣。可是,天不假年,鄭成功在同年五月病逝台灣。作為世子的鄭經,自然是繼位的不二人選。但是,在傳位這件事上,還是出現了一些問題。諸將以鄭經不堪作主,擁立鄭成功之弟鄭襲為「護理」,稱「招討大將軍」,主理國事,以定軍心。於是,鄭經即在思明州繼位發喪,並以陳永華為諮議參軍。同年十一月初一,乘清

廷停戰之機，進攻台灣，火速平定這場內亂。十七年十一月，清廷聯合荷蘭軍艦進攻思明州，鄭經不敵。十八年春正月，援剿右鎮林順降清。二月，南澳護衛左鎮杜輝亦降清，鄭經只好放棄思明州，退守台灣。[165]

永曆十八年（康熙三年，1664 年）八月，鄭經「改東都為東寧，天興、萬年為二州」。[166]

這時候，陳永華面對的局面是——台灣初定、內亂新平、人心不穩，加上清廷的外部威脅，明鄭政權可謂岌岌可危，呈大廈將傾之勢。這時候，鄭經作出一個重要的決定，任命其師諮議參軍陳永華為勇衛，加監軍御史，政務全由他處理。從此，陳永華就像諸葛武侯一樣，職兼將相。

（二）屯田之制

文天祥說：「時窮節乃見。」在這風雨飄搖之際，陳永華並沒有太多考量，二話不說就把這個爛攤子接了下來。百廢待興，問題得一條一條解決。現在最要緊的，是解決隨鄭氏遷台軍民的食住問題。

---

165. 連橫：《台灣通史》，頁 33。
166. 連橫：《台灣通史》，頁 34。

於是，陳永華「親歷南北各社，相度地勢」。了解台灣的地勢氣候後，陳永華旋即頒下屯田的命令。所謂屯田，其實是一種軍事與農業結合的編制，統治者安排戍卒或戍民在守衛區域開墾土地，然後以耕植所得供養軍隊。這制度自秦漢以後，已廣為歷朝君主採納，以解決邊境長期戍軍的經濟問題。[167]

陳永華本來就是平民出身，深明升斗小民的心態，知道他們為的只是簡單的三餐溫飽。於是，他頒下《屯田令》，要求諸鎮執行。他命令士兵，插起竹枝作為籬笆，砍伐茅草搭為屋廬，並親自教導軍民種植五穀的知識。台灣的土地得以充分利用，加以優良的氣候環境和軍民的努力不懈，一年之間，竟有三次收成。用《台灣通史》的說法，是「戍守之兵，衣食豐足」。[168]

屯田之制，本就是既農亦兵。在農閒之時，陳永華就會教授民眾有關作戰的事，也會講授道德倫理道理，於是軍民「皆有勇知方，先公而後私」。而且，他還極力「勸農

---

167. 《漢書‧爰盎晁錯傳》記載：「陛下幸憂邊境，遣將吏發卒以治塞，甚大惠也。然令遠方之卒守塞，一歲而更，不知胡人之能，不如選常居者，家室田作，且以備之。」有說此為歷代「屯田守邊」之始。

168. 連橫：《台灣通史》，頁 564-565。

桑，禁淫賭，詰盜賊」，於是台灣遊手好閒之士，都有所
依托，荒廢田地也得以開發。

（三）營建東寧 [169]

明鄭政權初到台灣，陳永華除了要解決糧食問題外，還要建
設好國家制度。他派人修圍柵，建起政府的衙門署所。同
時，他教導本地匠人燒製磚瓦，並帶領民眾伐木建造民房。

食、住問題初步解決後，陳永華就在東都建設東安、西定、
寧南、鎮北四坊，每坊置「簽首」管理。陳永華又把東都以
外的地區分為三十四里，「里有社，社置鄉長」，並以十戶
為牌，十牌為甲，十甲為保，各置首長管理。戶籍理清，又
置有首長負責，分層管理，一時間治安也改善了不少。

（四）發展經濟

台灣屬於亞熱帶氣候，年均日照量高，十分適合甘蔗種
植。世居台灣對岸的陳永華當然明白此理。他教導居民
種植甘蔗，並授以製糖之法，然後把多餘的糖「販運國

---

169. 東寧，有謂明鄭國號，有謂台灣地名。

外」，於是製糖逐漸成為台灣重要的經濟作業，「歲得數
十萬金」。

在冷兵器時代，人力與戰力幾乎是相等的，當時台灣幅員
廣大，極需要人力充實戰力，而在屯田制度下，這些戰力
就是經濟力。有田可種、有廬可居，而且還有發展日佳的
外貿經濟，對鄰近地區的遊民來說，無疑是極大的吸引
力。大家要注意，這裏的「遊民」並非貶義，「遊民」其
實是指沒有土地可耕的一群人。由於沒有土地，例如戰
亂、經濟原因等，所以他們不像一般農民與土地有一種緊
密的聯繫，所以以「遊」來稱呼他們。當然，遊民的經濟
條件一般都不好，而且生道乏道，所以很多時都會從事不
法行為，但這不能以偏概全。說回明鄭時期的遊民，大都
是來自廣東、福建一帶，這群人大多是操客家語、閩南
語，也就是後來台灣原住民以外的兩大民系。[170]

《台灣通史》記述：「當是時，閩粵逐利之氓，輻輳而至，
歲率數萬人。」這群人很大程度上補充了台灣的軍事力和
生產力，是促進台灣發展的重要生力軍。另外，陳永華也
利用地利之便，與清廷邊將進行交易，因此台灣的經濟發

---

170. 有關客家族群來台的時間，有學者認為最遲在荷蘭人佔台時間。他們的理據
是當然荷蘭人與台灣原住民的溝通，多數是由客家人居中翻譯。

展更一日千里。

（五）興教辦學

《管子‧牧民》説：「倉廩實而知禮節，衣食足而知榮辱。」生存問題解決以後，人們就會想到生活的問題。在陳永華的強政勵治下，台灣「以是大治」。於是，他把目光轉移到文化教育上。他奏請鄭經興建孔廟、設立學校，把儒學教育帶到台灣。

雖然一開始鄭經並不明陳永華的用意，但後來還是准奏。陳永華「擇地寧南坊」興建孔廟，開幕之時，鄭經更親行「釋菜之禮」祭祀「先聖先師」。後建立學校，任命同鄉宿儒葉亨作為國子助教，禮聘中土名士儒生，教授島上學子。除了興辦「大學」，陳永華也在各社設立「小學」，「教之養之」，既教習文化，也以儒禮薰陶民眾，由是「台灣文學始日進」。

（六）逃不了政治鬥爭

永曆三十四年（康熙十九年，1680 年），鄭經庶長子鄭克臧獲授以「監國」之職，並任克臧岳父陳永華為「東寧總

制使」輔政。在陳永華的經營下，連年豐收，人民生活富足，為明鄭偏安南島打下穩固的基礎。

常言「生於憂患，死於安樂」，安定的環境下，鄭經也不太想努力了。這也是當日諸葛武侯的擔憂，所以他將鍥而不捨地北伐曹魏，希望劉禪不會甘於偏安格局。然而，陳永華不是諸葛亮，鄭氏也不如劉氏對諸葛亮的信任。「永華見經無西志，諸將又燕安相處，鬱鬱不樂」。雖然已不在朝廷，但陳永華仍心念國家，他向上天祈禱，但願「以身代民命」。看到國勢如此，他亦自知「鄭氏之祚不永矣」。不久陳永華就死去。

翌年，永曆三十五年（康熙二十年，1681年），鄭經也死去。本來，其庶長子鄭克臧應當繼位。然而，其弟克塽岳父馮錫範（就是《鹿鼎記》中那位外號「一劍無血」的高手）並不想。於是，馮錫範聯同鄭氏宗室，在鄭成功之妻董氏同意下，逼令鄭克臧交出監國印璽，並派人將其絞死。

兩年後，清軍水師提督施琅於澎湖海戰大破明鄭船隊，劉國軒逃回台灣。馮錫範見大勢已去，勸鄭克塽降清。同年八月十三日，施琅入台受降，明鄭政權正式完結。

第四節　將軍一去，大樹飄零

陳永華一生清虛澹泊。鄭經知陳永華清貧，給予他一些商賈賺錢之機會，但他堅拒不受。他安貧樂道，親自「募民闢田」，歲收時只保留一年食用，其餘全分給窮困之親舊故屬。連橫在《台灣通史‧陳永華傳》〈論贊〉中，肯定了「永華器識功業與武侯等」，並指陳永華所以不能「輔英主以光復明室」，是天命不許。事實上連敵人也高度肯定陳永華的才能。《福建通志‧台灣府》記載：「聖祖（康熙）諭大臣曰：『此忠義陳永華子也』。即日擢編修」，可見康熙對陳永華之推許。

仔細閱讀明鄭政權的歷史，絕對可以看出一個結論──陳永華是明鄭的頂樑柱。陳永華之死，鄭克臧失去了岳父的支持，明鄭也失去了壓制着島內「魑魅魍魎」的神器。馮錫範這類投機取巧的小人乘時而起，廢立君主，使明鄭元氣大傷。加上，康熙帝是百年一遇的聖主賢君，此消彼長，明鄭的滅亡只是時日的問題。《福建通志‧台灣府‧人物》載：「李光地為翰林學士，具疏入賀，謂台灣未可卒圖者，實由永華經理有方。」此言誠不我欺！

策劃編輯	梁偉基
責任編輯	梁偉基
書籍設計	依蝶蝶

書　　名	金庸小說裏的中國歷史（增訂版）
著　　者	葉德平
出　　版	三聯書店（香港）有限公司
	香港北角英皇道四九九號北角工業大廈二十樓
香港發行	香港聯合書刊物流有限公司
	香港新界荃灣德士古道二二〇至二四八號十六樓
印　　刷	美雅印刷製本有限公司
	香港九龍觀塘榮業街六號四樓 A 室
版　　次	二〇二一年六月香港第一版第一次印刷
	二〇二四年七月香港增訂版第一次印刷
規　　格	三十二開（130 mm × 190 mm）二〇八面
國際書號	ISBN 978-962-04-5506-3